가상과 현실의 융합
버추얼×문화콘텐츠

가상과 현실의 융합
버추얼×문화콘텐츠

초판 인쇄 2024년 9월 9일
초판 발행 2024년 9월 24일

지은이 박상용·황서이 | 교정교열 정난진
펴낸이 이찬규 | 펴낸곳 북코리아 | 등록번호 제03-01240호
전화 02-704-7840 | 팩스 02-704-7848
이메일 ibookorea@naver.com | 홈페이지 www.북코리아.kr
주소 13209 경기도 성남시 중원구 사기막골로 45번길 14 우림2차 A동 1007호

ISBN 978-89-94299-02-0 (93300)
값 20,000원

* 이 저서는 2017년 대한민국 교육부와 한국연구재단의 지원을 받아 수행된 연구임
  (NRF-2017S1A6A3A01078538).

중앙대학교 인문콘텐츠연구소
HK+인공지능인문학 대중서

가상과 현실의
융합

버추얼
×
문화콘텐츠

박상용·황서이 지음

북코
리아

머리말

    디지털 기술의 급격한 발전과 함께 가상현실, 증강현실, 그리고 그에 기반한 메타버스가 우리 사회의 중심으로 떠올랐다. 특히 2020년부터 2024년까지, 가상과 현실의 융합 세계는 문화콘텐츠 분야에서 새로운 패러다임을 제시하며 놀라운 변화를 이끌었다. 이 책은 이러한 변화의 흐름을 이해하고, 메타버스의 개념과 기술적 한계, 사용자 경험, 그리고 문화콘텐츠 분야에서의 영향력을 탐구하고자 한다.

    1부에서는 메타버스의 다양한 범주와 가상현실, 증강현실, 혼합현실, 확장현실의 개념을 구체적으로 다루며, 각 기술의 특성과 한계를 살펴본다. 또한 현재의 기술 발전 상황과 사용자 경험에 미치는 영향을 조망한다. 가상현실과 증강현실의 기술적 기반을 이해하기 위해, 기기와 소프트웨어, 그리고 데이터 인프라의 현황을 상세히 논의한다.

    2부에서는 2020년부터 2024년 3월까지 메타버스와 버추얼휴먼이 문화콘텐츠 분야에 미친 변화와 논의의 흐름을 시기별로 살펴본다. 비대면 환경의 부상으로 메타버스가 주목받기 시작한 2020년, 메타버스 기술의 확산과 창의적 활용이 두드러진 2021년, 버추얼휴먼의 다양한 형태와 콘텐츠로의 확산이 이루어진 2022년, 그리고 메타버스와 버추얼휴먼의 지속가능성과 윤리적 고려가 중요한 이슈로 대두된 2023~2024년까지의 시점을 다루며, 이들 기술의 발전이 엔터테인먼트와 문화 경험에 미친 영향과 앞으로의 방향성을 제시한다.

《가상과 현실의 융합, 버추얼×문화콘텐츠》가 보여주는 새로운 가능성은 단순히 기술적 변화와 발전에 그치지 않고, 우리의 일상과 문화적 상호작용에까지 깊은 변화를 가져오고 있다. 이러한 변화를 체계적으로 이해하고, 사회적 논의와 윤리적 고려를 통해 지속 가능한 발전 방향을 모색하는 것은 오늘날의 중요한 과제이다. 이 책이 그 과정을 이해하는 데 도움을 주기를 바라며, 독자 여러분이 미래의 가상과 현실이 융합된 세계를 더욱 넓고 깊게 탐구하는 데 기여할 수 있기를 기대한다.

마지막으로, 이 책이 나오도록 인공지능 기술에 대한 인문학적 성찰의 중요성을 인식하고 HK+인공지능인문학단을 이끌어주신 이찬규 교수님과 출판을 허락해주신 북코리아 이찬규 대표님께 깊은 감사의 말씀을 드린다.

2024년 9월

박상용·황서이

목차

2부 문화콘텐츠 속 메타버스와 버추얼휴먼

1부
가상현실과 증강현실

1부에서는 메타버스라는 이름으로 주목받았던 가상현실과 증강현실에 대해 알아본다. 1장에서는 메타버스의 종류, 가상현실과 증강현실, 혼합현실, 확장현실의 개념과 그 한계에 대해 알아본다. 2장에서는 가상현실과 증강현실을 사용자 경험의 측면에서 바라본다. 사용자 인터페이스와 사용자 경험에 대해 살펴본 후 가상현실과 증강현실의 사용자 경험에 대해 논의한다. 3장에서는 가상현실과 증강현실에 필요한 기술의 종류와 현황에 대해 알아본다. 현재 개발 중이거나 필요에 의해 연구 중인 기술들을 다루었다.

메타버스의 개념과 한계

메타버스는 라이프로깅, 가상세계, 증강현실, 거울세계의 네 가지 범주로 분류될 수 있으며, 메타, 마이크로소프트, 애플, 구글 등 주요 IT 기업들이 관련된 서비스를 출시했거나 개발 중이다. 가상현실은 사용자가 완전히 몰입할 수 있는 디지털 환경을 제공하는 기술로, 현재 VR 기기들은 성능과 가격 문제로 인해 대중화에 한계가 있다. 증강현실은 실제 주변 환경에 가상의 객체를 구현하는 기술로, 포켓몬고 같은 게임을 통해 대중에게 알려졌다. 혼합현실과 확장현실은 가상현실과 증강현실의 장점을 결합한 기술로, 현실과 가상세계가 상호작용하는 경험을 제공한다. 아직 충분히 성숙하지 못한 기술로 사용자 경험 측면에서 한계가 있다.

가상현실과 증강현실의 사용자 경험

사용자 경험과 사용자 인터페이스 설계의 중요성, 가상현실과 증강현실의 사용자 경험에 대해 다룬다. 사용자 경험은 사용자가 기기나 서비스와 상호작용하면서 얻는 전체적인 경험을 의미하며, 이는 단순한 사용의 편리성뿐 아니라 감정, 만족도, 효율성을 포함한 포괄적인 개념이다. 사용자 인터페이스는 사용자 경험의 중요한 요소로, 일상적인 도구에서부터 거대 시스템 제어 소프트웨어까지 망라하는 개념이다. 가상현실과 증강현실의 대중화는 사용자 경험에 달려있다.

가상현실과 증강현실의 기술

가상현실과 증강현실의 기술과 관련된 내용으로 기기, 소프트웨어, 인프라 측면을 다룬다. 경량화와 고성능을 동시에 충족하기 위한 디스플레이 기술과 상호작용을 위한 시선 추적 기술에 대해 알아보고, 3D 환경과 객체와 상호작용을 구현하기 위한 소프트웨어에 대해 살펴본다. 마지막으로 디지털 인프라 구축과 데이터 공개에 대해 다루었다.

1 메타버스

1. 메타버스의 등장

메타버스는 간단히 말해서 상호작용하는 가상세계라 할 수 있다. 메타버스는 코로나19 팬데믹 이후 재택이 늘어나면서 언급되기 시작했으나 기술적으로 성숙하지 못한 상태에서 쏟아진 관심에 비해 부족한 완성도로 인해 2024년 현재 크게 주목받지 못하고 있다.

증강현실

2020년대 초반에 불기 시작한 메타버스 광풍은 일시적인 이상 현상이다. 메타버스라는 용어가 대중에게 처음 각인되었을 뿐이며 기술의 미래에 대한 용어는 수없이 등장했다가 사라진다. 사이버 스페이스Cyber Space, 유비쿼터스Ubiquitous, 4차 산업혁명처럼 새로 등장한 용어일 뿐이다. 코로나19로 인한 사회적 거리두기와 재택근무, 비대면 교육 등이 장기화하면서 온라인을 통한 사회적 활동에 무관심했던 사람들이 강제로 온라인을 이용하게 되었다. 기존의 기술을 새로 발견한 기관 및 기업이 가능성에 주목하면서 동반 상승 효과를 불러일으켰다. 온라인으로 동작하는 3D 공간을 구현하면 다양한 사람들이 접속하여 대부분의 사회활동을 할 것이라는 기대감에 필요한 기능을 구현할 수 없는 미성숙한 기술로 급조된 서비스들이 우후죽순처럼 등장하여 메타버스의 실체에 대해 의구심을 자아내던 와중에 코로나19가 진정되면서 관심도 사라졌다.

세계적으로 봤을 때 메타버스에 가장 주목하고 있는 기업은 메타Meta다. 메타가 사명을 페이스북Facebook에서 메타로 변경한 것은 플랫폼의 부재와 광고에 의존적인 구조의 서비스만 보유하고 있다는 위기감 때문이었다. 당시 최상위 IT 기업을 보면 마이크로소프트Microsoft, 애플Apple, 구글Google, 아마존Amazon, 메타Meta가 있다(Cheng, 2023). 마이크로소프트는 윈도우Windows와 오피스Office를 공급하고 있으며, 애저Azure를 통한 클라우드Cloud 서비스를 제공한다. 또한 게임 서비스인 엑스박스Xbox를 가지고 있다. 애플은 아이폰iPhone과 맥Mac 기기의 운영체계인 iOS, MacOS 등을 기반으로 아이클라우드iCloud와 앱스토어App Store, 애플뮤직Apple Music, 애플페이Apple Pay 등의 서비스를 보유하고 있다. 구글은 검색엔진과 안드로이드Android를 가지고 있으며 유튜브YouTube, 구글 플레이Google Play, 구글 클라우드Google Cloud Service 등의 서비스를 제공하고 있다. 아마존은 아마존 프라임Amazon Prime을 통해 음악과 영상을 서비스하고 있으며, 아마존 웹 서비스AWS, Amazon Web Service라는 클라우드 서비스를 제공하고 있다. 이처럼 대다수의 IT 기업이 확고한 플랫폼을 기반으로 다양한 유료 서비스로 사업을 다변화하는 데 반해 메타는 페이스북과 인스타그램, 메신저만을 가지고 있으며 대부분의 매출은 광고에서 발생한다. 이러한 소셜미디어 서비스는 사용자의 정보를 수집하고 분석하여 타깃 광고를 하는데, 애플과 구글이 개인정보 보호 정책을 수정하면서 메타는 광고 수익에 타격을 받았다. 이런 상황으로 인해 메타는 2023년 11월부터 페이스북을 무료로 사용하기 위해서는 광고 목적의 개인정보 수집에 동의해야 하도록 정책을 수정했다. 또한 메타는 2012년 인수한 오큘러스Oculus의 가상현실 기기 메타 퀘스트Meta Quest를 통해 플랫폼을 구축하려 노력하고 있다.

2024년 현재 메타버스는 실체가 불분명하며 대중적인 서비스를 하기에는 시기상조다. 메타버스가 앞으로 언제 어떤 이름을 가지고 어떤 형태로 등장할 것인지 유추하기 위해 지금까지 알려진 메타버스의 개념과 현황에 대해 살펴보자.

2. 메타버스의 개념

    미국의 기술연구단체 ASF^{Acceleration Studies Foundation}는 2007년 메타버스 로드맵에서 메타버스를 분류했다(Metaverse Roadmap: Pathways to the 3D Web, n.d.). ASF는 사용하는 기술의 종류와 활용하는 방식을 뜻하는 증강^{augmentation}/시뮬레이션^{simulation} 기준과 사용자가 이용하는 방식을 뜻하는 외적^{External}/내적^{intimate} 기준에 따라 라이프로깅^{lifelogging}, 증강현실^{augmented reality}, 거울세계^{mirror worlds}, 가상세계^{virtual worlds}의 네 가지 범주로 분류했다. 이 분류는 네 가지 다른 종류의 메타버스가 있다는 뜻이 아니라 네 가지 방향의 기술이 결합하여 나타나는 양상을 말한다.

    라이프로깅은 사용자의 경험과 정보를 저장하는 것을 말한다. 인터넷을 통한 대부분의 서비스는 사용하는 사람들의 데이터를 수집하여 축적하고 있다(Gurrin et al., 2014). 구글, 페이스북, 아마존 등의 기업이 수집하여 축적한 데이터는 사용자의 이름, 성별, 주소, 방문

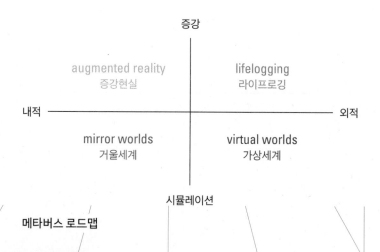

메타버스 로드맵

지, 지인, 관심사, 구매한 상품 등 우리가 해당 서비스에 입력하고 활동한 정보를 모두 포함한다. 특히 소셜미디어Social Media의 경우 사용자가 직접 사진과 동영상, 글을 업로드한다.

가상세계는 컴퓨터로 구현한 시뮬레이션 환경을 말한다(Schroeder, 2008). 월드오브워크래프트World of Warcraft 등과 같은 MMORPG 게임으로 많은 사람들에게 익숙한 가상세계는 3차원 그래픽으로 구현한 공간을 총칭한다. 현재 가상세계는 대부분 게임에 국한되어 있으며 업무, 교육, 쇼핑, 사교 등의 영역으로 확장은 이른 시간 안에 이루어지지 않을 것으로 보인다. 추후 언급할 혼합현실Mixed Reality이 일반화된다면 통합 및 확장이 가능할 것이다.

증강현실은 사용자의 시야에 추가 정보를 부가하는 기술을 말한다(Craig, 2013; Furht, 2011). 가상현실Virtual Reality이 컴퓨터가 구현한 가상세계 안에 아바타가 들어가는 것이라면, 증강현실은 사용자가 보는 현실세계에 추가적인 정보를 부가해주는 것이다. 스마트폰 카메라를 이용한 포켓몬고Pokemon Go가 증강현실 게임이다. 스마트폰을 통한 지도 서비스는 일반적으로 증강현실 길찾기 기능을 제공하고 있지만 완성도가 높지는 않다. 증강현실이라는 용어가 스마트폰의 카메라와 화면을 이용하는 형태의 서비스에 사용되면서 사용자의 주변 공간을 인식하고 해당 공간을 점유하는 형태의 정보를 부가하는 방식을 혼합현실Mixed Reality이라고 따로 부르기도 한다. 증강현실 안경과 같이 좀 더 간편한 방식의 기기가 혼합현실을 구현할 정도의 강력한 성능을 갖게 된다면 활용도가 높고 생활에 밀접한 기기가 될 가능성이 크다.

거울세계는 실제 세계를 가상의 공간에 구현한 것을 말한다(Ricci et al., 2015). 가상세계가 기존에 존재하지 않던 대상을 가상의 공간에 구현했다면, 거울세계는 실존하고 있는 대상을 가상공간에 구현한다. 현재 서비스되고 있는 거울세계로는 구글 어스Google Earth가 대표적이다. 구글 어스는 구글 맵Google Map과는 별도의 서비스로 위성 이미지를 통해 지형과 건물을 3D로 구현하여 해당 지역의 정보를 제공하는 서비스다. 아직 모든 지역 정보가 3D로 구현되지는 않았지만, 특정 장소를 검색하여 3D 형태로 구현된 공간을 확인할 수 있다. 시뮬레이션 등의 목적으로 특정한 대상을 가상세계에 세세하게 구현한 디지털 트윈Digital Twin도 거울세계의 범주에 들어간다.

이렇게 분류된 각각의 메타버스는 현재 파편화되어 있으나 다른 영역과 결합하면 사용자에게 더 풍성한 경험을 제공할 수 있다. 나이키Nike가 애플Apple과 협업하여 제공하는 나이키 플러스Nike+의 경우 초기에는 신발에 센서를 삽입하여 사용자의 운동 정보를 기록하는 것으로 시작하여 현재는 스마트폰의 GPS에서 제공받는 정보를 통해 운동한 경로를 자동으로 온라인에 업로드하고 이를 확인할 수 있으며 데이터를 가공하여 속도, 소모한 칼로리 등을 다시 사용자에게 제공한다(Lin et al., 2020). 이를 통해 사용자는 자신의 과거 기록과 현재 기록을 비교할 수도 있다. 사용자는 정보와 기록을 공유하거나 공개할 수 있으며, 이렇게 공개한 데이터를 다른 사용자가 확인할 수 있고 경쟁할 수도 있다. 개인의 운동데이터를 기록하는 라이프로깅에서 시작하여 개인의 경로를 단순한 거울세계라 할 수 있는 지도에 기록하는 서비스와 결합한 것이다. 추후 해당 서비스에 혼합현실을 결합하면 사용자가 특정 경로를 달릴 때 과거의 자신 혹은 과거의 다른 사용자와 함께 달리는 경험을 할 수 있을 것이다.

이처럼 메타버스는 완전히 새로운 것이 아니다. PC 기반의 인터넷 서비스를 제공하던 기업이 스마트폰의 출현 이후 모바일 페이지를 새로 제작하고 애플리케이션을 출시했지만 기존의 PC 기반 서비스도 유지되고 있는 것처럼, 증강현실이나 가상현실이 대중화되어도 나이키 플러스의 데이터를 웹에서 확인할 수 있는 것처럼 기존의 서비스는 유지될 것이고 새로운 형태의 서비스가 추가되는 것이다. 기존의 기반이 없는 완전히 새로운 서비스의 등장이 아니다.

1) 가상현실

가상현실VR, Virtual Reality은 사용자가 완전히 몰입할 수 있는 디지털 환경을 제공하는 기술로 컴퓨터로 생성된 3D 환경을 통해 사용자가 실제 같은 경험을 할 수 있도록 한다. 스탠리 와인바움Stanley G. Weinbaum이 그의 소설 《피그말리온 안경Pygmalion's Spectacles》(1934)에서 가상현실의 개념을 구체적으로 제시했다고 볼 수 있으나 크게 확산된 개념은 아니었다(Weinbaum, 2016). 대중문화가 대중에게 가상현실의 개념을 각인한 것은 〈토탈리콜Total Recall〉(1990), 〈공각기동대Ghost in the Shell〉(1995), 〈매트릭스Matrix〉(1999) 등 가상현실을 소재로 한 작품들이 등장한 이후다. 하지만 일반적인 사용자가 가상현실을 직접 사용할 수 있게 된 것은 2010년대 중반 VR 기기의 가격이 접근 가능해진 이후다.

VR 기술의 원리는 인간의 두 눈 사이의 거리에 의해 같은 사물이 각각 다른 각도에서 인지되는 양안시차를 이용한 것이다 (Mon-Williams et al., 1993). 양안시차를 이용한 기기는 두 눈에 다른 그림을 보여주는 스테레오스코프Stereoscope(1852)에서 시작된다. 스테레오스코프는 그림에서 입체감을 느끼게 하는 기기로 일반적으로 인간의 눈동자는 6~6.5cm 정도 떨어져 있는데, 스테레오스코프의 렌즈에 인간의 양안시차만큼의 각도로 그려진 그림을 보면 입체감이 느껴진다. 이러한 입체 그림은 사진 기술을 이용한 뷰마스터View Mater(1939)와 영상 기술을 이용한 센소라마Sensorama(1962)를 거치며 발전하게 된다. 이후 1968년 유타 대학의 이반 에드워드 서덜랜드Ivan

양안시차

스테레오스코프

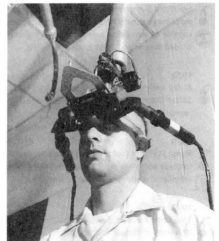

헤드 마운트 디스플레이(HMD)

Edward Sutherland가 VR 기기의 시초라고 할 수 있는 HMD^{Head Mount} Display를 제작한다^{Kurland}(2017).

1990년대 이후 가상현실 기기에 대한 연구와 판매가 시도되었으나 기술적 제약으로 인한 부족한 완성도로 외면받아 모두 실패했다. 가상현실 기기를 사용하는 데 중요한 요소 중 하나가 몰입감이다. 사용자가 몰입감을 느끼기 위해서는 인간의 눈으로 보는 것과 크게 차이가 없는 해상도의 영상이 필요하며, 시야를 돌리는 속도와 영상이 전환되는 속도의 차이가 적어 사용자가 느끼는 위화감을 최소화할 수 있어야 한다. 그러려면 높은 해상도와 높은 주사율, 낮은 지연 속도를 갖는 디스플레이Display가 필요하고 이런 디스플레이에서 정교한 3D 모델을 충분히 구동할 높은 그래픽 처리능력을 갖춘 컴퓨터 시스템이 갖추어져 있어야 한다. 또한 사용자가 바라보는 방향에 따라 영상을 전환하기 위해 사용자의 움직임을 추적하여 시스템에 전달해야 한다. 사용자의 움직임을 추적하기 위해서는 자이로센서와 가속도센서로 구성된 동작 감지 시스템이 필요하다. 2010년대 중반부터 제반 기술이 발전하면서 2015년 기어 VR, 2016년 오큘러스 리프트, HTC VIVE, 플레이스테이션 VR 등 대중을 겨냥한 기기들이 출시되기 시작한다(Angelov et al., 2020). 이후 지금까지 등장한 기기들은 어느 정도 사용자가 몰입감을 느끼게 만드는 데 충분한 성능을 갖추게 되었다. 하지만 스마트폰과 같이 폭발적으로 보급되기에는 근본적으로 부족한 점들이 있다.

2010년대 중반부터 VR 기기의 대중화의 선결과제인 성능, 디스플레이, 무게, 가격 등의 문제가 완화되면서 일반 소비자의 접근성이 높아졌다. 기존에는 PC 기반인 고가의 VR 기기에서만 가능한 성능과 디스플레이가 독립적인 기기에서도 구동이 가능해졌다.

오큘러스 퀘스트 2

2020년 메타Meta에서 소유하고 있는 오큘러스Oculus가 기존보다 높은 해상도와 주사율을 갖춘 좀 더 경량인 오큘러스 퀘스트 2Oculus Quest 2를 출시했다. 오큘러스 퀘스트 2는 기반이 되는 PC나 콘솔 없이 독립적으로 구동이 가능했다. 이렇게 VR 기기들이 출시되며 대중화를 표방하지만 한계를 보였으며, 이후 증강현실을 결합한 혼합현실 기기로 전환하게 된다.

2) 증강현실

증강현실AR, Augmented Reality은 실제 주변 환경에 가상의 객체를 구현하는 기술을 말한다(Arena et al., 2022). 가상현실이 컴퓨터가 구현한 가상세계에 사용자가 들어가는 것이라면, 증강현실은 사용자가 보는 시야에 추가적인 정보를 제공하는 것이다. 증강현실은 VRVirtual Reality과 비교했을 때 일상에 더 밀접하다는 장점이 있다. VR을 사용하기 위해서는 VR 기기를 착용해야 하는데, 외부와 차단된 상태를 오래 지속하려면 충분한 준비가 필요하다. 현재 발표되었거나 개발 중인 소비자 대상의 증강현실 기기는 안경 형태이며, 사용자가 외부의 환경과 차단되지 않는다. 따라서 충분한 성능이 갖춰진다고 가정하면 예상되는 편의성이 매우 높다.

현재 유용하게 사용되는 간단한 증강현실 기술은 HUD^{Head Up Display}다. HUD는 항공기 조종을 보조하기 위한 수단으로 고안되었다(Neretin et al., 2020). 항공기를 조종하기 위해 필요한 정보인 속도, 수직 속도, 고도, 방향, 자세 등은 각각의 계기판에 표시된다. 조종사는 항공기를 조종하는 도중 계기 정보를 확인하기 위해 시선을 상하로 전환하며 주변 환경을 살피면서 동시에 항공기의 계기판에 표시되는 정보를 확인해야 한다. 자동차 운전을 하면서 계기 정보 두어 개 정도만 확인하는 것도 상당한 주의력을 요구하는 것을 생

F/A-18 호넷의 디스플레이 HUD(Head Up Display)

F-35의 헤드 마운트 디스플레이(HMD)

각해보면 항공기 조종은 어렵고 위험하다. 그래서 조종사가 시야를 내리지 않고 주요 정보를 파악할 수 있도록 하는 장치를 개발하여 이를 Head Up Display라고 명명했다(Safi & Chung, 2023).

HUD는 비스듬한 반투명 유리판 하단 디스플레이를 배치하여 유리판 너머의 환경을 바라볼 때 하단 디스플레이에 표시하는 정보가 겹쳐 보이도록 한 것이다. 항공기 조종과 전투를 함께 수행해야 하는 군용기에서 먼저 실용화되었으며, 시간이 지나며 민간 항공기에도 적용되었다. 하지만 HUD는 특정 위치에서 고정된 방향의 시야에 사용하도록 고안되어 일반적으로 항상 사용할 수 있는 증강현실 기술은 아니다. 최신 기술이 가장 빨리 적용되는 것은 군사 분야다.

앞서 언급한 HUD가 항공기 조종을 돕기 위해 개발된 것처럼 F-35의 조종사용 헬멧에 HMD^{Head Mount Display}가 적용된 증강현실

비엠더블유(BMW) E60의 헤드 업 디스플레이(HUD)

기술이 사용되고 있다(Carroll et al., 2013). 이 헬멧에는 기존의 HUD로 표시되던 계기 정보나 조준 정보만이 아니라 야간 시야Digital Night Vision, 전자광학 시스템EO-DAS, Electro Optical Distributed Aperture System, 데이터 링크Data Link까지 통합한 정보를 헬멧 내부에 표시한다.

HUD 기술은 1980년대 후반부터 자동차에도 적용되기 시작하여 이제는 쉽게 접할 수 있다(Maroto et al., 2018).

스마트폰 등장 이후 오랜 기간 스마트폰의 카메라와 화면을 활용한 증강현실 애플리케이션Application이 종종 출시되었으나 기술 체험 수준의 완성도로 인해 주목을 받지 못하고 있었다. 그런데 2016년 서비스를 시작한 포켓몬고Pokémon GO가 출시하자마자 폭발적인 반응을 이끌어내며 전 세계 다운로드 1위를 기록했으며, 2주 만에 4,500만의 사용자를 기록했다(Khamzina et al., 2020). 출시 당시 국내 언론도 대대적으로 보도했을 정도였다. 포켓몬고는 모바일 증강

포켓몬고

현실 게임 인그레스Ingress를 개발한 나이앤틱Niantic이 닌텐도Ninten-
do에서 포켓몬 IPIntellectual Property를 받아 개발한 것이다. 포켓몬고
는 위치정보GPS, Global Positioning System를 이용한 증강현실 게임이다.
현실 지도에 기반한 게임 내 지도에 포켓몬이 등장하고 이를 선택
하면 포획 상태로 전환되며, 포획 상태의 화면은 증강현실이다. 포
획한 포켓몬을 이용하여 특정 위치에 있는 거점을 획득하여 이득을
얻거나 다른 사람의 포켓몬과 대결하는 방식의 게임이다. 게임의
시스템이 단순하고 증강현실의 완성도도 부족했지만, 새로운 경험

과 세계적으로 손꼽히는 IP의 결합을 내세워 주목을 받았다. 2024년 3월 현재 4,400만 달러의 수익을 올리고 있다. 포켓몬고는 높은 인지도를 가지고 있던 IP가 새로운 경험과 결합했을 때 어느 정도의 영향력을 갖는지에 대한 대표적인 사례다.

스마트폰의 운영체계Operation System를 제공하는 구글과 애플은 증강현실 애플리케이션 구현을 위한 도구인 ARCore와 ARKit를 각각 제공하고 있다(Oufqir et al., 2020). 스마트폰에서 증강현실을 표현하기 위해서는 컴퓨터그래픽 기술로 구현한 3D 객체를 주변 환경에 자연스럽게 어울리게 하기 위해 주변 환경에 대한 정보를 획득하는 것이 필요하다. 이를 위해 이미지 프로세싱Image Processing 과 위치 센서, GPS 등의 정보를 처리하는 APIApplication Programming Interface를 제공하는 것이다. 하지만 포켓몬고 이후 새롭게 성공한 증강현실 애플리케이션이 없어 스마트폰을 이용한 증강현실의 편의성이 충분하지는 않다는 것을 나타내기도 한다.

증강현실 기기는 대중화 단계는 아니지만 B2BBusiness To Business에서는 활용되는 중이다. 물류기업인 DHL은 구글 글래스 Google Glass의 증강현실 기술을 활용한 비전 피킹Vision Picking 기술 (DHL Successfully Tests Augmented Reality Application in Warehouse, n.d.; Husár & Knapčíková, 2021)을 시험 및 적용하고 있다. 비전 피킹은 직원이 물류 작업을 할 때 제품의 위치, 수량 등의 정보를 증강현실로 제공하고 기기의 카메라를 이용하여 바코드를 읽어들이는 기술이다. 보잉Boeing은 배선 공정에 증강현실을 도입했다. 항공기를 제작할 때 매우 많은 배선이 필요한데, 모든 배선을 정확한 위치에 연결하는

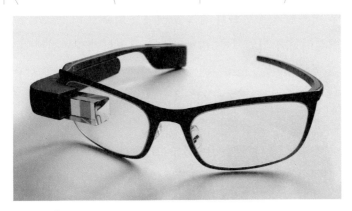

구글 글래스

데 도움을 주기 위해 증강현실 기기를 사용한다(Singh, 2016). 보잉은 이를 통해 25%의 공정 시간 단축을 달성했다. 록히드마틴Lockheed Martin도 우주선 제작 과정에 증강현실을 도입했다(Kim et al., 2023).

　증강현실이 대중화되기 위해서는 높은 성능과 가벼운 무게, 긴 구동 시간을 갖춘 저렴한 기기가 필요하다. 현재 여러 기업에서 증강현실 기기를 대중화하기 위한 연구개발을 진행하고 있으나 성공한 경우는 아직 없다. 증강현실 기기는 스마트폰과 같이 생활 밀착형 도구가 될 수 있는 가능성이 크지만 아직 해결할 문제들이 산재해 있다.

3) 혼합현실과 확장현실

　2011년 증강현실 기기인 구글 글래스가 발표되고 조속한 시일 안에 출시할 것으로 기대되었으나 결국 정식 출시되지 않았으며, 많은 문제점을 드러내며 2023년 정식으로 사업이 종료되었다. 스마트폰을 이용한 증강현실의 경우 포켓몬고 이후 여러 증강현실 애플리케이션이 출시되었지만, 성공하지 못하면서 증강현실에 대한 기대감도 줄어들었다. 2020년대 이후 가상현실 기기가 일반 사용자도 구매 가능한 가격과 적당한 성능으로 등장했으나 사용 편의성이 떨어지는 등의 이유로 대다수의 대중에게 외면받았다. 이처럼 가상현실이나 증강현실 기기와 서비스가 고전하는 동안 혹은 부분적으로 소규모 성공을 하는 동안 증강현실과 가상현실에 대한 대중의 기대는 사그라졌다. 이후 좀 더 발전한 형태의 가상현실과 증강현실을 표현하기 위해 혼합현실MR, Mixed Reality이나 확장현실XR, Extended Reality 같은 용어를 사용하게 되었다(Morimoto et al., 2022; Speicher et al., 2019).

혼합현실은 가상현실과 증강현실의 장점을 결합한 기술로, 사용자에게 현실과 가상세계가 상호작용하는 경험을 제공한다. 혼합현실은 물리적 세계에 디지털 객체를 배치하여 사용자가 이들과 실시간으로 상호작용할 수 있게 한다. 이는 단순히 가상 요소를 추가하는 기존의 증강현실과 달리, 가상 객체가 실제 환경과 물리적 관계를 맺고 상호작용하는 특징이 있다.

확장현실은 가상현실, 증강현실, 혼합현실 등의 기술을 포함하는 포괄적인 용어로, 현실과 가상세계를 융합하는 기술과 경험을 아우른다. 확장현실은 인간의 감각을 확장하고, 디지털 세계와의 상호작용을 통해 현실의 한계를 넘어서게 한다. 이 용어는 모든 형태의 몰입형 기술을 포함하며, 사용자에게 새로운 방식의 경험을 제공한다.

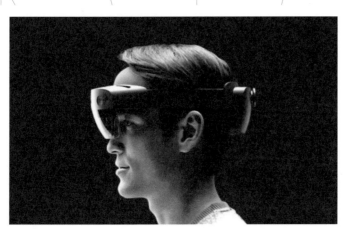

홀로렌즈

　혼합현실이나 확장현실을 표방하는 기기나 서비스는 전용 기기를 통해 기존의 가상현실이나 증강현실보다 발전한 양상을 보여주지만 큰 틀에서 같다. 마이크로소프트는 2016년 증강현실 기반 혼합현실 기기인 홀로렌즈HoloLens를, 2019년에는 홀로렌즈 2를 출시했다. 홀로렌즈는 고글 형태의 전면 유리에 정보를 투사하는 방식으로 높은 증강현실 성능을 보여주며 B2B로만 판매하고, 높은 가격으로 인해 일반 사용자가 접근하기는 어렵다. 마이크로소프트는 2021년 미 육군과 증강현실 체계인 IVASIntegrated Visual Augmentation System 공급계약을 맺었으며 계약 금액은 219억 달러에 달한다. IVAS는 홀로렌즈 2를 기반으로 군사 작전에 필요한 센서와 기능을 추가한 체계다(Boyce et al., 2022).

　메타는 2023년 메타 퀘스트 3Meta Quest 3를 출시했다. 메타 퀘스트 3는 가상현실 기반의 기기로 오큘러스 퀘스트 2보다 향상된

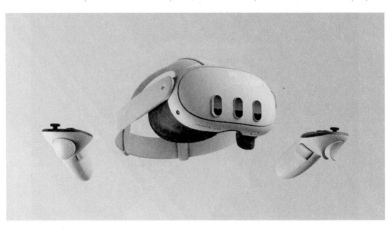

메타 퀘스트 3

성능과 함께 전면 카메라로 주변 환경을 촬영하여 내부 디스플레이에 재생하는 방식을 사용하여 대중적인 혼합현실 기기가 되었다.

애플은 2024년 공간 컴퓨터Spatial Computer라는 개념과 함께 비전 프로Vision Pro를 출시했다. 기존의 가상현실, 증강현실, 메타버스 등과 차별화하기 위한 용어로 보인다. 비전 프로는 가상현실 기반의 기기로 메타 퀘스트 3와 유사한 방식을 사용한다. 사용자가 위화감을 느끼지 않도록 하기 위해 3,386ppi의 4K 마이크로 OLED 디스플레이를 사용했으며, 조작도 별도의 기기를 사용하는 것이 아니라 사용자의 눈동자 움직임을 추적하여 주시하는 곳을 확인할 수 있으며 사용자의 손을 카메라로 인식한다. 즉, 사용자가 원하는 대상을 바라보고 손을 움직여 조작할 수 있다. 사용자의 경험을 극대화하도록 설계되었으나 이로 인해 높은 가격으로 출시되었다.

이처럼 모든 기기들이 발전의 여지가 많이 남아 있는 정도의

비전 프로

성능을 가지고 있으며 성능에 비해 높은 가격, 과도한 크기와 무게로 인한 불편함으로 한계점을 노출하고 있다. 지금의 증강현실, 가상현실, 혼합현실 상황은 스마트폰 이전의 다양한 휴대전화의 시대와 같으며 대중화되기 위해서는 스마트폰의 출현처럼 일반 사용자가 접근할 수 있는 낮은 가격과 높은 사용성이라는 임계점을 넘어야 할 것이다.

3. 메타버스의 한계

2020년대 초반 메타버스에 대한 관심이 늘어난 이유는 이를 구현하기 위한 제반 기술이 임계점을 넘어서기까지 얼마 남지 않았다고 있다고 오판한 사람들이 많아졌기 때문이다. 당시 대중화가 가능한 저렴하고 강력한 가상현실이나 증강현실 기기들이 조속한 시일 내에 등장할 것처럼 예고되어 있었다. 그러다가 스마트폰이 등장한 이후 카메라, GPS, 자이로스코프, 가속센서 등 기기의 상태와 주변 환경을 디지털화할 수 있는 센서들이 작고 정밀하며 저렴하게 사용할 수 있게 되었다. 또한 정교한 이미지를 만드는 그래픽 기술, 복잡한 3D 모델을 실시간으로 처리할 수 있는 소형 프로세서도 저전력에 강력한 기능을 갖추게 되었으며, 대용량의 데이터를 낮은 지연 속도로 빠르게 전송할 수 있는 통신 기술도 등장했다. 인터넷이 고도화되면서 발생하는 대량의 데이터를 처리하는 빅데이터 기술, 이를 저장하고 처리하는 서버와 클라우드 기술까지 성숙한 단계에 접어들었으며, 이 모든 기술은 메타버스를 구축하기 위한 토대가 된다. 그렇다면 기술들이 아직 충분한 단계에 도달하지 못한 것은 확실하다. 문제는 소형화·경량화와 고성능이 병존할 수 없다는 것이며, 그 한계를 결정하는 것은 사용자 경험이다.

2 사용자 경험

사용자 경험UX, User Experience은 사용자가 기기나 서비스와 인터랙션하면서 얻는 전체 경험을 말한다(Hassenzahl & Tractinsky, 2006). 이는 단순히 사용하기 편리한지 여부를 넘어 사용자가 느끼는 감정, 만족도, 효율성 등을 포함한 포괄적인 개념이다. 좋은 사용자 경험을 제공하는 것은 기업이 성공하는 데 중요한 요소로 작용하며, 이는 고객 만족도와 충성도, 브랜드 이미지에 직접적인 영향을 미친다. 예를 들어 톱의 사용자 인터페이스가 톱의 크기, 손잡이, 날을 어떻게 구성했으며 얼마나 잘 작동하는가에 대한 것이라면 톱의 사용자 경험은 얼마나 만족했는가, 다시 이용할 것인가, 다른 사람에게 권할 것인가에 대한 것이다. 톱에 모터를 달아 전기톱이 되면 시동 장치, 조작 버튼이 추가되고 손잡이와 날의 크기와 형태가 바뀔 것이며 이는 사용자 인터페이스가 변화한 것이다. 사용자 경험도 일반 수동 톱보다 더 편하고 빠르지만, 좀 더 위험하고 고장이 나기 쉽다는 경험으로 변화한다.

1. 사용자 인터페이스

　사용자 인터페이스UI, User Interface는 사용자 경험을 형성하는 중요한 요소로 일상적인 도구인 연필이나 가방에서 거대한 공장의 자동화 시스템 제어, 소프트웨어와 상호작용까지 망라하는 개념이다. 효율적이고 직관적인 인터페이스는 사용자가 제품을 쉽게 이해하고 사용할 수 있도록 한다. 사용자 인터페이스 설계는 시각적 디자인, 상호작용 설계 등의 요소를 포함하여 사용자가 목표를 달성하는 데 필요한 모든 인터페이스 요소를 구성하는 과정이다(Stone et al., 2005).

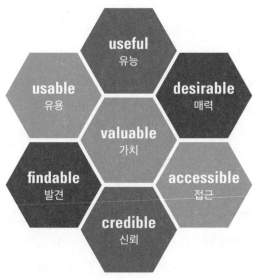

사용자 경험 디자인 요소

1) 시각적 디자인

인터페이스의 시각적 디자인에서 색상은 감정과 분위기를 전달하며, 사용자에게 인터페이스를 쉽게 이해하게 해준다. 전체적으로 통일된 색의 인터페이스에 하나의 빨간색 버튼이 있다면 중요한 느낌을 준다. 글꼴 선택은 가독성에 큰 영향을 미친다. 정보를 전달하는 것이 중요하다면 가독성이 높은 글꼴을 선택하고, 특정한 느낌을 전달하는 것이 중요하다면 그에 맞는 유려한 글꼴을 선택해야 한다. 중요한 정보와 그렇지 않은 정보의 글꼴 크기에 차등을 두는 것이 좋다. 또한, 일관된 글꼴을 사용하여 인터페이스의 통일성을 높이는 것이 필요하다. 또한 적절한 이미지와 아이콘으로 사용자가 상호작용 요소를 명확히 파악할 수 있도록 한다. 전체적인 배치도 사용자가 정보를 쉽게 찾고 이해할 수 있도록 돕는다(Norman, 2013). 예컨대 빨간색 버튼을 냉수, 파란색 버튼을 온수에 배치하면 대다수의 사용자가 시행착오를 겪게 되고, 이는 사용자가 목적을 달성하는 것을 방해하는 나쁜 시각적 인터페이스 설계다.

2) 상호작용 설계 원칙

인터페이스의 상호작용 설계는 사용자가 제품과 상호작용하는 방식을 정의하는 요소다. 상호작용 설계는 사용자가 시스템을 직관적으로 이해하고 효과적으로 사용할 수 있도록 돕는 것이 목표다. 이를 통해 사용자 경험을 향상시키고, 사용자에게 목적을 달성할 수 있게 한다(Cooper et al., 2014). 인터페이스 상호작용 설계의 원칙은 사용자 중심 설계User-Centered Design, 일관성Consistency, 가시성

Visibility, 직관성Intuitiveness, 간결성Simplicity, 피드백Feedback이다. 사용자 중심 설계는 사용자의 요구와 행동을 이해하고, 이를 반영하여 상호작용을 설계하는 것이다. 사용자 인터뷰, 관찰, 설문조사 등을 통해 사용자 요구를 파악하고, 이를 기반으로 설계한다. 일관성은 인터페이스의 모든 요소가 일관되게 유지되도록 설계하는 것이다. 일관된 버튼 스타일, 내비게이션, 피드백 장치 등을 통해 사용자가 예측 가능하고 익숙하게 느낄 수 있도록 한다. 가시성은 중요한 정보와 상호작용 요소를 사용자에게 명확하게 보여주는 것이다. 사용자는 현재 상태와 가능한 행동을 쉽게 파악할 수 있어야 한다. 이는 직관성과도 연결되며, 사용자가 직관적으로 이해하고 사용할 수 있도록 일반적인 사용 방식과 관습을 따르고, 명확한 시각적 힌트를 제공하는 것이다. 피드백은 사용자의 행동에 대한 즉각적이고 명확한 반응을 제공하여 사용자가 시스템의 반응을 이해할 수 있도록 하는 것이다. 사용자가 버튼을 누를 때 색상 변화나 애니메이션을 이용하여 사용자의 입력이 인식되었다는 것을 나타낸다.

3) 상호작용 설계의 주요 구성 요소

상호작용 설계의 주요 구성 요소는 내비게이션Navigation, 입력 요소Input Elements, 피드백 요소Feedback Elements다. 내비게이션은 사용자가 시스템 내에서 이동할 수 있는 방법을 설계한다. 명확한 메뉴 구조, 탐색바, 링크 등을 통해 사용자가 필요한 정보를 쉽게 찾을 수 있도록 한다. 입력 요소는 사용자가 데이터를 입력할 수 있는 버튼, 슬라이더, 스위치, 텍스트 필드, 체크박스, 드롭다운 메뉴 등

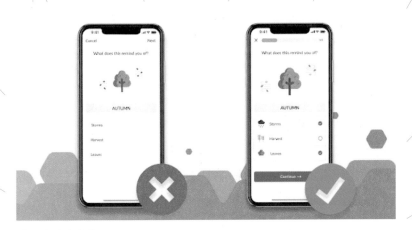

사용자 인터페이스

다양한 장치를 사용하여 사용자의 입력을 용이하게 설계하는 요소를 의미한다. 피드백은 사용자의 행동에 대한 반응을 제공하는 요소를 의미한다. 알림, 팝업, 로딩 스피너, 색상 변화 등을 통해 시스템 상태와 사용자의 행동 결과를 명확히 전달한다. 또한 애니메이션을 이용하여 더 생동감 있고 명확한 피드백을 제공할 수 있다. 애니메이션은 변화 과정이나 진행 상황을 시각적으로 보여주는 데 유용하다.

구글 검색 페이지는 매우 간결하고 직관적인 인터페이스를 제공한다. 사용자는 검색어를 입력하고 결과를 즉시 확인할 수 있으며, 검색 결과 페이지에서 명확한 내비게이션을 통해 관련 정보에 접근하기 용이하다. 애플의 iOS는 일관성 있는 디자인과 직관적인 상호작용을 제공한다. 터치 제스처, 피드백 애니메이션, 일관된 아이콘 스타일 등을 통해 사용자가 시스템을 이해하기 용이하다.

사용자 인터페이스는 사용자가 제품이나 서비스를 효율적이고 만족스럽게 사용할 수 있도록 돕는 중요한 요소다. 시각적 디자인, 인터랙션 디자인, 정보 구조 등을 고려하여 직관적이고 명확한 인터페이스를 제공하는 것이 핵심이다. 사용자 인터페이스 설계의 목표는 사용자가 최소한의 노력으로 원하는 작업을 수행할 수 있도록 하는 것이다. 따라서 일관성, 사용자 중심 설계, 명확성, 직관성, 피드백 등 주요 원칙을 준수하여 사용자가 만족할 수 있는 인터페이스를 설계해야 한다.

2. 사용자 경험

1) 사용자 경험 설계

사용자 경험은 사용자가 기기나 서비스를 이용할 때 느끼는 전체적인 경험을 의미한다. 사용자 경험의 주요 구성 요소로 유용성Usability, 접근성Accessibility, 정보 구조Information Architecture, 사용자 리서치User Research 등이 있다(Garrett, 2011). 유용성은 사용자가 제품이나 서비스를 배우고 사용하기 용이한 정도를 의미하며, 앞서 소개한 사용자 인터페이스와 밀접한 연관이 있다. 직관적이고 간단한 인터페이스, 명확한 내비게이션, 일관된 디자인 등이 중요하다. 접근성은 다양한 사용자, 특히 장애를 가진 사용자가 제품이나 서비스를 사용할 수 있는 정도를 의미한다. 접근성을 높이기 위해서는 화면 판독기, 키보드 내비게이션, 색맹 모드 등을 고려해야 한다.

정보 구조는 정보의 조직, 구조화, 라벨을 통해 사용자가 필요한 정보를 찾고 이해하는 난이도를 뜻한다. 이는 웹사이트나 애플리케이션의 메뉴 구조, 콘텐츠 분류 등에 중요한 역할을 한다. 사용자 리서치는 설문조사, 인터뷰, 사용자 테스트, 분석 데이터 등의 방법을 동원하여 사용자의 요구와 행동을 파악하는 것이다.

사용자 경험 설계 과정은 조사 및 분석, 설계, 개발, 배포 및 피드백으로 이루어진다. 조사 및 분석 과정에서 사용자의 요구 사항을 파악하기 위한 사용자 인터뷰, 설문조사, 시장조사 등을 실시하여 사용자의 기대와 문제점을 식별한다. 설계 단계에서 사용자의 요구 사항을 바탕으로 정보 구조를 구성하고, 와이어프레임Wire-frame과 프로토타입Prototype을 만들어 사용성 테스트를 실시하여 초기 디자인을 검증하고 개선한다. 개발 단계에서는 설계 단계에서 수립한 내용을 바탕으로 실제 제품이나 서비스를 개발함과 동시에 피드백과 테스트를 통해 사용성을 개선한다. 마지막으로 배포 및 피드백 수집 단계에서는 제품이나 서비스를 출시한 이후 실제 사용자로부터 피드백을 수집하고, 이를 바탕으로 지속적으로 개선한다.

2) 사용자 경험의 중요성

높은 사용자 경험은 사용자의 만족도를 향상시켜 고객 충성도와 재구매로 이어질 수 있다. 일관되고 긍정적인 사용자 경험은 해당 브랜드의 이미지를 강화하고 경쟁자와 차별화 요소가 된다. 제품 개발의 초기 단계에서 사용성 문제를 해결하면, 출시 후 발생할 수 있는 비용과 시간 손실을 줄일 수 있다.

구글은 간결하고 직관적인 인터페이스, 빠른 검색 속도, 개별 사용자의 요구에 대한 맞춤형 서비스로 사용자 경험을 최적화하고 있다. 구글 서비스는 접근성이 높고 사용자의 요구에 따른 정보를 효율적이고 신속하게 제공한다. 이런 특징은 검색, 지도, 유튜브, 메일 등의 구글 서비스에서 일관되게 관찰할 수 있는 특징이다.

애플은 사용자 경험을 중시하는 것으로 유명하다. 직관적이고 일관된 디자인, 높은 접근성 등을 통해 우수한 사용자 경험을 제공한다. 아이폰, 아이패드, 맥북 등의 제품에서는 일관된 형태의 사용자 인터페이스와 사용자 경험을 제공하며 간결하고 직관적이다. 또한 애플은 제품 간 상호 연결성이 뛰어나 하나의 제품을 사용하다가 다른 제품에서 같은 작업을 지속적으로 수행이 가능하다. 애플의 주요 성공 요인으로 이러한 사용자 경험이 대표적으로 꼽힌다.

사용자 경험은 제품이나 서비스의 성공에 핵심적인 역할을 한

애플 사용자 경험

다. 좋은 사용자 경험 설계는 사용자의 만족도를 높이고, 브랜드 이미지를 강화하며, 경쟁력을 높이는 데 기여한다. 따라서 사용자 중심의 설계와 지속적인 피드백을 통해 우수한 사용자 경험을 제공하는 것이 중요하다. 사용자 경험은 단순한 디자인 요소를 넘어 서비스 제공자와 사용자의 관계를 형성하고 유지하는 요소다.

3. 가상현실과 증강현실의 사용자 경험

가상현실과 증강현실, 혼합현실 환경에서 사용자 인터페이스를 구축하기 위해서는 기존의 PC 기반 인터넷 서비스나 모바일에서 사용하는 인터페이스 구성과 가상현실이나 증강현실의 인터페이스 구성의 차이를 살펴보아야 한다. 가상현실과 증강현실, 혼합현실에서 사용하는 인터페이스는 3D로 구축된 환경을 통해 몰입이 더 강화된 경험을 제공하는 목적에 초점을 맞춰 기존 인터페이스와 차이가 발생한다.

증강현실이나 가상현실에서 사용자는 현실에 존재하지 않는 객체와 상호작용하는 사용자 경험을 갖게 되는데, 이때 필요한 것이 몰입감Immersion이다(Hudson et al., 2019). 사용자의 몰입감이 충족되면 실제와 가상의 경계를 명확하게 인식하지 않는 상태가 된다. 사용자가 증강현실이나 가상현실에 몰입하기 위한 요소는 환경, 제어, 상호작용이 있다. 그래픽, 소리 같은 환경적 요소, 그리고 이러한 환경을 사용자의 의도대로 조작할 수 있게 해주는 그래픽 사용자 인터페이스GUI, Graphic User Interface와 머리의 움직임 추적을 위한 HMDHead Mount Display, 사용자 동작 인식용 카메라와 센서, 컨트롤러와 같은 제어 요소, 제스처, 햅틱Haptic 등과 같은 상호작용 요소가 있다. 환경, 제어, 상호작용의 요소가 사용자에게 혼란을 주고 실제와 가상을 구분하기 어려운 의도적인 몰입상태로 유도한다. 이런 요소들을 고려하여 설계한 인터페이스는 사용자를 몰입상태로 만들어 운전에 능숙한 사람이 스티어링휠, 페달의 조작을 의식하지 않고 차의 방향과 속도를 제어하는 것처럼 주변 가상의 객체와 무의식적으로 상호작용하는 사용자 경험을 제공할 것이다.

1) 가상현실의 사용자 인터페이스

가상현실의 인터페이스는 사용자가 완전히 몰입할 수 있는 디지털 환경을 제공하며, 가상의 세계와 상호작용할 수 있도록 설계한다(Sherman & Craig, 2018). 가상현실 인터페이스는 하드웨어, 소프트웨어, 사용자 인터페이스로 구분하여 설명할 수 있다.

하드웨어 인터페이스 중 헤드셋은 사용자에게 3D의 시각적 경험을 제공하는 핵심 장치다. 가상현실 장치인 메타 퀘스트, 비전 프로 등과 같은 제품에서 가장 중요한 역할을 한다. 헤드셋은 고해상도 디스플레이와 정확한 위치추적 시스템을 갖추고 있어 사용자의 머리 움직임에 따라 실시간으로 변화하는 시각적 영상을 제공한다. 핸드 컨트롤러는 사용자가 가상세계와 상호작용할 수 있게 해주는 하드웨어다. 컨트롤러는 손의 위치와 움직임을 감지하여 가상 객체를 누르거나 잡는 등의 동작을 가능하게 한다. 트레드밀Treadmill이

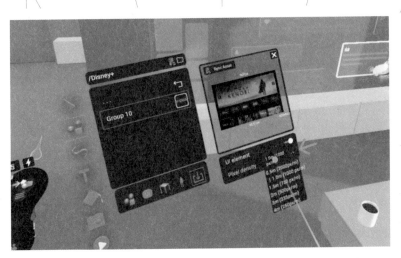

가상현실 인터페이스

나 장갑 같은 장치는 더욱 현실감 있는 상호작용을 위해 사용될 수 있다. 최근에는 안구 추적 기술로 객체를 특정하고 카메라를 통해 손의 동작을 추적하여 입력장치 없이 상호작용할 수 있는 시스템을 갖추기도 한다.

소프트웨어 인터페이스는 가상환경을 구현하고 관리하는 데 필요한 소프트웨어 플랫폼과 도구들로 구성된다. 가상현실 환경을 제공하기 위해서는 높은 성능의 3D 렌더링 엔진이 필요하다. 3D 렌더링 엔진은 고품질 그래픽과 다양한 물리 현상을 구현하여 현실감 있는 가상환경을 생성한다. 가상현실 기기 개발사는 SDK^{Software Development Kit}와 API^{Application Programming Interface}를 제공하여 헤드셋, 컨트롤러, 트래킹 시스템 등을 통합하고 활용할 수 있게 한다.

사용자 인터페이스는 사용자가 VR 환경에서 직접 경험하고 상호작용할 수 있는 요소들로 구성된다. 그래픽 사용자 인터페이스는 메뉴, 버튼, HUD^{Head-Up Display} 등 시각적 요소를 통해 사용자가 시스템과 상호작용할 수 있게 한다. 음성인식 기술을 통해 사용자가 음성 명령으로 시스템을 제어하도록 설계할 수 있다. 제스처 인식 기술을 활용해 사용자가 손동작으로 가상 객체를 조작하거나 환경과 상호작용할 수 있다. 이러한 기술은 사용자의 움직임을 자연스럽게 인식하고 반응하여 몰입감을 높인다. 촉각 피드백 기술은 진동이나 압력 등을 통해 사용자에게 물리적 감각을 제공하여 가상 객체와의 상호작용을 명확하고 현실감 있도록 돕는다.

2) 증강현실의 사용자 인터페이스

증강현실 인터페이스는 사용자가 실제 세계와 가상 객체를 동시에 경험하고 상호작용할 수 있도록 설계한다(Arena et al., 2022). 사용자가 일상생활에서 디지털 정보에 실시간으로 접근하고 활용할 수 있게 하여 다양한 분야에서 혁신적인 변화를 이끌어낼 수 있다. 증강현실 인터페이스도 하드웨어, 소프트웨어, 사용자 인터페이스로 구분할 수 있다.

하드웨어 인터페이스 중 스마트폰과 태블릿은 현재 접근이 가장 용이한 증강현실 기기다. 카메라와 센서를 통해 실시간으로 환경을 인식하고 촬영된 환경에 가상 정보를 추가하는 방식으로 증강현실을 경험할 수 있도록 한다. 증강현실 전용 기기, 예를 들어 마이크로소프트의 홀로렌즈나 구글 글래스 같이 직접 착용하여 증

증강현실 인터페이스

강현실을 경험할 수 있는 기기가 있다. 증강현실 기기는 투명 디스플레이를 통해 사용자의 시야에 직접 정보를 표시한다. 모션 센서, GPS, LiDAR^{Light Detection And Ranging}, 영상처리 기술은 사용자의 위치와 움직임을 정확하게 인식하여 가상 객체와의 상호작용을 자연스럽게 한다.

소프트웨어 인터페이스는 증강현실을 구현하는 데 필요한 소프트웨어 플랫폼과 도구들로 구성되며 가상현실과 구조적 차이가 있지만 전체적인 구성은 유사하다. 가상현실에서 가상환경 구축을 위해 사용하는 3D 엔진은 증강현실에서도 객체를 생성하고 렌더링하는 데 사용되며, 고품질의 그래픽과 실시간 상호작용을 가능하게 한다. 또한, API와 SDK는 개발자들이 증강현실 기능을 통합하고 확장할 수 있도록 지원하며, 애플의 ARKit와 구글의 ARCore는 모바일 증강현실 개발을 위한 주요 SDK다.

사용자 인터페이스는 사용자가 증강현실 환경에서 직접 경험하고 상호작용할 수 있는 요소들로 구성된다. 가상현실과 마찬가지로 증강현실에서도 시각적 요소가 중요하며 사용자에게 정보를 직관적으로 제공한다. 내비게이션 애플리케이션에서 가상 화살표가 실제 도로 위에 표시되거나, 쇼핑 애플리케이션에서 가상의 가구가 방안에 배치되어 보일 수 있다. 가상현실에서 사용하는 제스처 인식과 음성 명령도 증강현실에서 유용하게 사용할 수 있다.

3) 사용자 경험

가상현실이나 증강현실의 사용자 경험은 사용자 인터페이스와 밀접하게 연결되어 있지만, 인터페이스를 넘어선 더 넓은 범위를 포괄한다. 좋은 사용자 경험 설계는 사용자가 가상세계나 객체와 자연스럽게 상호작용할 수 있도록 돕는 것을 넘어 전체적인 경험을 뜻한다.

몰입감은 사용자 경험의 핵심이다(Hudson et al., 2019; Scholz & Smith, 2016). 이를 위해 고해상도 그래픽, 공간 오디오, 촉각 피드백 등 다양한 기술이 동원되며 시각적으로 사실적인 그래픽과 정확한 위치 추적은 사용자에게 가상세계나 가상의 객체와 깊이 연결될 수 있게 한다. 직관성도 중요한 요소다. 사용자는 별도의 학습 없이 가상환경을 탐색하고 객체를 조작할 수 있어야 한다. 자연스러운 제스처와 움직임 인식, 음성 명령 등은 직관성을 높이는 데 도움이 된다. 손을 뻗어 가상 객체를 잡거나 머리를 돌려 주변을 살펴보는 행위는 현실에서의 경험과 차이가 없어야 한다. 피드백은 사용자가 수행하는 행동에 대한 즉각적이고 명확한 반응을 제공하는 것으로 가상 버튼을 클릭했을 때의 시각적 변화나 가상 객체를 잡았을 때의 촉각 반응은 사용자 경험을 높인다. 접근성은 다양한 사용자가 사용할 수 있도록 보장하는 것으로 시각, 청각, 운동 능력에 차이가 있는 사용자도 이용할 수 있어야 한다. 이는 색상 대비 조정, 음성 안내, 자막 제공, 제스처 인식 등 다양한 접근성 기능을 포함한다. 사용성은 사용자가 쉽게 목표를 달성하도록 인터페이스가 설계되어야 한다.

가상현실과 증강현실이 높은 수준의 사용자 경험을 제공할 수 있다면 게임, 교육, 의료, 건축, 제조 등 다양한 분야에서 혁신적인 응용이 가능하다(Muñoz-Saavedra et al., 2020). 게임 분야에서는 사용자가 완전히 몰입하여 가상세계를 탐험하고 상호작용할 수 있거나 현실 세계에서 가상의 객체를 통한 게임을 즐길 수도 있다. 교육 분야에서는 학생들이 가상세계에서 특정 사건 또는 공간을 체험하거나 실제 교실에서 복잡한 과학 개념 등을 3D로 증강된 객체를 통해 시각적으로 이해할 수 있다. 의료 분야에서는 의사들이 가상 시뮬레이션을 통해 수술 기술을 연마하거나 환자의 내부 상태를 증강현실로 시각화하여 진단과 치료 계획을 세울 수 있다. 건축과 제조 분야에서도 설계자와 엔지니어가 가상 모델을 사용하여 설계를 시각화하고 테스트하거나 특정 기기의 내부를 증강현실로 확인하며 작업할 수 있다. 이처럼 충분한 수준에 도달한 가상현실·증강현실 기술은 다양한 분야에서 새로운 가능성을 열어주며, 일상생활과 업무 환경

World Wide Web

월드와이드웹

을 혁신적으로 변화시킬 가능성이 크다.

현재 가상현실 기술은 앞서 소개한 일들을 구현하는 것이 가능하기는 하지만 대중화 단계에 이르지는 못했다. 기기는 크고 무겁고 거추장스러워 일상에서 사용하는 데 적합하지 않으며, 사용환경 구축에 비용이 많이 소모되고 특정 작업을 위해 사용할 수 있다 하더라도 다른 작업에 사용하기 위한 상호 연결성이 미흡하다.

사회를 변화시키는 혁신적인 기술은 꾸준히 쌓여온 토대 위에서 피어난다. 인터넷의 시작은 1969년 아파넷ARPAnet이지만, 일반적으로 1990년 CERN을 통해 월드와이드웹WWW, World Wide Web이 등장한 것을 대중화의 계기로 본다(Berners-Lee et al., 1994). 1993년 모자이크라는 브라우저가 사용되기 시작했으며, 1994년 야후가 등장한다. 1990년대 후반에는 고속 기간망이 보급되면서 인터넷이 폭발적으로 대중화된다(Leiner et al., 2009). 2000년대 이후에는 세계적인 기업 중 인터넷 서비스를 기반으로 하는 기업들이 다수 등장한다. 인터넷의 등장과 대중화는 정보 접근성과 소통의 혁신, 사회 활동의 디지털화를 통해 사회 전반에 큰 혁신을 가져왔으며, 이제는 사회기반시설로 취급되고 있다. 초기의 인터넷은 텔넷Telnet을 통해 명령어를 입력하는 방식을 사용했으나 웹과 브라우저Browser를 통해 HTMLHyper Text Mark-Up Language이 보급되면서 접근이 용이해졌고, 고속 기간망을 통해 대량의 정보를 신속하게 전달하는 것이 가능해지면서 사용자가 증가하고 이들을 대상으로 다양한 기업이 서비스를 출시하며 성장했다. 사용자 경험이 개선되어 사용자가 증가하고, 확대된 사용자는 추가적인 다른 서비스를 제공하는 동인이 되어 다시 사용자 경험이 증대되는 선순환 구조가 생긴 것이다.

스마트폰도 기존의 발전이 쌓여온 결과다(Agar, 2013). 1990년대 초반 PDAPersonal Digital Assistant가 등장하고 1996년 팜Palm OS을 탑재한 기기들을 통해 알려졌다. PDA는 터치스크린이 있는 소형 개인 단말이다. PDA에 전화 기능을 결합하여 1997년 노키아가 스마트폰을 출시했고, 1999년부터 블랙베리BlackBerry도 스마트폰을 제작하기 시작했다. 2007년 애플이 아이폰을 발표하면서 대중화의 계기가 되었다. 아이폰은 멀티터치스크린과 직관적인 사용자 인터페이스를 제공하며 앱스토어App Store를 통한 생태계를 구축했다. 2009년 구글은 블랙베리와 유사한 운영체계인 안드로이드를 아이폰의 구조로 수정하고 구글 플레이를 탑재하여 출시하며 애플과 양강구도를 갖추게 되었다. PDA는 사무 보조용 기기의 역할을 하고 있었으며, 스마트폰도 단순히 PDA에 휴대전화 기능을 추가한 형태

아이폰

였다. 아이폰은 출시 당시 기존 스마트폰에서 물리 키보드와 스타일러스 펜을 제거하고 대형 터치스크린을 도입하여 직관적이고 편리한 사용자 인터페이스를 제공했으며, 앱스토어를 통해 개발자들이 다양한 애플리케이션을 개발하고 배포할 수 있는 창구를 만들어 생태계를 구축했다. 또한 얇은 직사각형 형태에 고해상도 대형 스크린, 멀티터치 기반 제스처 인터페이스 등 디자인의 표준을 제시했으며, 기존의 불편한 모바일 인터넷 사용성을 개선하여 모바일 인터넷이 성장하는 계기가 되었다. 이런 변화를 통해 스마트폰이 통화와 문자, 이메일 기능을 넘어 소셜미디어, 게임, 비즈니스 도구로 성장하게 되었다.

　　3D TV의 경우 2000년대 중반 한국의 가전 기업들이 세계 TV

3D TV

시장에서 지배적인 위치에 도달하면서 기존 기업들과 치열한 경쟁
이 벌어졌다. 2009년 영화 〈아바타Avatar〉가 전 세계적인 성공을 거
두고 3D 콘텐츠에 대한 관심이 높아지면서 2010년부터 경쟁적으로
3D TV를 출시했으나 2013년 대중의 관심이 줄어들면서 사라졌다.
〈아바타〉는 큰 성공을 거두었고 지금까지도 종종 3D 영화가 출시
되고 있지만, 현재 대부분의 기업이 3D TV 생산을 중단했다. 개봉
한 영화를 관람하기 위해서는 극장까지 이동하여 어두운 상영관에
앉아 상영 시간 동안 집중해야 한다. 이런 환경에서는 특수 안경을
착용하는 것에 대한 거부감이 크지 않다. 하지만 TV의 시청 경험
은 영화와 다르다. 가정에서는 지속적으로 켜두고 다른 활동과 병
행할 수 있다. 이런 환경에서 특수 안경은 다른 활동에 방해가 된다.
또한 영화관에서처럼 지속적인 시청을 하고 싶어도 콘텐츠가 충분

하지 못하면 무용지물이 된다. 제작자들에게 3D 촬영 장비를 보급하고 제작한 영상의 배포 및 유통 구조를 수립하여 생태계를 구축하는 데는 실패했다. 여러 방송사가 3D 콘텐츠를 제작했지만 충분하지 못했다. 사용자의 이용 방식과 요구 사항을 고려하고 지속 가능한 시스템을 설계하여 충분한 사용자 경험을 제공하는 데 실패한 것이다(Rotter, 2017). 제조사들은 제품을 판매하여 수익을 냈지만 사용자는 쓸모없는 3D 기능이 추가되어 가격만 높은 TV를 떠안았다.

4) 메타버스와 사용자 경험

2020년대 메타버스도 3D TV와 같은 길을 걸었다. 기술적으로 성숙하기 전에 사용자 경험에 대한 고려 없이 서비스를 급조하여 사용자를 끌어들이는 데만 몰두했다. 가상현실과 증강현실 기술이 성숙하지 못한 상태였기 때문에 네트워크 접속이 가능한 3D 환경을 조성하고 메타버스라는 이름을 붙였으나 기존에 나와 있는 게임과 비교하여 매우 부족한 완성도를 보여주었으며 상호작용 설계에 아무 고려가 없어 3D 아바타 채팅 서비스에 머물렀다. 간혹 가상현실 기기를 이용한 서비스도 있으나 가상현실은 3D TV처럼 접근성이 낮다. 일상에서 사용하기에 불편하고 아직 기술적 미비로 인해 기기가 크고 무거우며 사용하는 동안에는 외부와 차단된다. 가상현실 구축은 고도로 발전한 기술을 요구하는데 고성능 컴퓨터, 빠른 인터넷 연결, 정교한 고가의 기기 등이 필요하다. 대다수의 사용자는 이러한 기술적 요구 사항을 충족하지 못하며, 대중적인 가상현실 기기는 성능이 부족하고 충분한 성능의 기기는 일반인이 접근할 수 있는 가격이 아니다. 성능이 충분한 고가의 기기도 장시간 사용 시 불편함을 유발하며, 고해상도 그래픽과 실시간 상호작용을 지원하는 데 필요한 통신 대역폭과 서버의 처리 능력도 한계가 있다. 이처럼 메타버스의 개발과 유지에 막대한 시간과 비용이 들어가며 사용자가 접근하기에도 높은 비용이 요구된다. 현재 가상현실은 기술적 기반을 쌓아가는 단계이며, 실질적인 서비스를 제공하기까지 장기적인 관점에서 꾸준한 개발이 필요하다. 이 모든 것은 만족스러운 사용자 경험을 제공하기 위한 과정이다. 가상현실은 사용자에게 몰입감 있는 경험을 제공하기 위해 설계되었지만, 많은 사용자가 이러한 경험이 아직 기대에 미치지 못한다고 평가한다. 현실적인 상호작용과 직관적인 인터페이스의 부족, 그리고 가상환경에서의 활동과 현실세계와의 연결성 부족 등은 사용자 만족도를 떨어뜨리는 요인이다. 콘텐츠와 생태계의 부족도 문제다. 가상현실이 성공적으로 작동하기 위해서는 풍부한 콘텐츠와 활발한 생태계가 요구된다. 그러나 급조한 가상현실 서비스는 미흡한 기술과 부족한 사용자로 인해 개발자들에게 충분한 유인을 제공하지 못하고 있으며, 사용자에게 매력적이고 지속적으로 이용할 수 있는 콘텐츠를 제공하지 못하는 악순환에 빠졌다. 결론적으로, 메타버스에 대한 관심이 급격히 식은 이유는 기술적 한계, 경제적 현실, 사용자 경험, 콘텐츠와 생태계의 부족 등 다양한 요인이 복합적으로 작용한 결과다. 좋은 사용자 경험을 설계한 플랫폼 기업의 선순환 구조를 단순히 시장 선점에 따른 결과로 해석하여 미흡한 기술로 새로운 서비스에 성급하게 뛰어들었으니 당연한 결과다.

증강현실의 현재 상황도 좋지 않다. 스마트폰을 통한 증강현실은 작은 화면과 스마트폰을 지속적으로 들고 촬영해야 하는 불편함으로 인해 사용자 확산이 제한되고 있다. 스마트폰을 계속해서 들고 다니면서 AR 콘텐츠를 이용하는 것은 피로감을 주고, 화면 크기 제한으로 인해 몰입감 있는 경험을 제공하기 어렵다. 착용형 증강현실 기기들도 성능의 한계로 인해 사용자 경험이 만족스럽지 못하다. 예를 들어, 구글 글래스는 작은 크기와 가벼운 무게로 휴대성이 좋지만, 성능이 충분하지 않아 복잡한 증강현실 콘텐츠를 효과적으로 제공하지 못한다. 애플의 비전 프로 역시 배터리 지속 시간과 무게, 착용감 문제로 인해 장시간 사용이 어렵다. 이러한 한계는 사용자 경험 차원에서 큰 도전 과제가 되고 있다. AR 기술의 성공적인 확산을 위해서는 사용자가 쉽게 접근하고 지속적으로 사용할 수 있는 편리한 인터페이스와 강력한 성능이 요구된다. 현재의 증강현실 기기들은 이러한 요구를 완전히 충족시키지 못하고 있다. 증강현실 기기들은 사용자 경험을 향상시키기 위해 충분한 용량과 경량화된 배터리가 필요하다. 또한 고성능의 저전력 반도체로 더 빠르고 정확한 위치추적, 고해상도 그래픽, 자연스러운 인터랙션을 위한 물리엔진을 제공하여 사용자가 몰입할 수 있는 경험을 제공해야 한다.

인터넷이 성공을 거둘 수 있었던 요인 중 많은 지분을 차지하는 것은 편의성이다. 희귀한 자료를 찾기 위해 서점이나 도서관을 방문하거나 해당 자료를 가지고 있는 기관에 연락하여 우편을 기다리는 것, 전화로 배차 정보와 예약 현황을 파악하고 원하는 시간에 교통편을 예약하는 것, 외국과 금융 거래를 위해 전화나 중개인을 통하는 것과 같은 기존의 방식보다 인터넷을 통해 해당 서비스를 제공하는 웹페이지를 방문하는 것이 편의성이 극대화된 사용자 경험을 제공한다. 스마트폰이 PC 위주의 웹서비스 시장에서 살아남을 수 있었던 요인에서도 휴대성과 편의성은 큰 역할을 한다. 필요한 정보를 검색하거나 인터넷을 통한 작업이 필요할 때 주변에서 PC를 사용할 수 있는 장소를 찾는 것보다 소지하고 있는 휴대전화로 처리하는 것은 압도적으로 편리한 사용자 경험을 선사한다.

편의성 측면에서 볼 때 가상현실은 완성도를 극한으로 끌어올려 현실과의 차이를 인식하지 못하는 정도가 아니라면 대중화되기 어려우며, 해당 단계에 도달하기 위한 과제가 산적해 있다. 하지만 증강현실은 스마트폰 이상의 사용성이 충족된다면 소지하고 있는 스마트폰을 꺼내 확인하는 것보다 착용하고 있는 증강현실 장비로 편하게 사용할 수 있다는 장점이 있다. 기본적으로 스마트폰에서 가능한 모든 기능을 포함해야 하며, 안경 같은 정도의 무게와 크기에 하루 이상을 지속하는 사용 시간이 보장되어야 한다. 메타에서 가상현실 장비인 퀘스트와는 별개로 증강현실을 지향하고 사용자에게 거부감이 적은 형태를 취하기 위해 선글라스 제조 기업인 레이밴Ray-Ban과 협업하여 만든 레이밴 메타Ray-Ban Meta를 개발했다. 사실 레이밴 메타는 사용자에게 시각적인 정보를 전혀 제공하지 않기 때문에 증강현실 장비라고 할 수 없다. 카메라와 스피커가 추가된 선글라스로 스마트 글라스라는 범주로 정의할 수도 있다. 편의성을 위해 안경 형태에서 구현하기 불가능한 기능을 모두 제거했다고 볼 수 있다. 이런 시도가 증강현실이 지향해야 하는 것이며, 안

레이밴 메타

경 정도의 무게로 다양한 기능을 탑재해야 한다.

　최종적으로 투명 디스플레이를 통해 외부와 차단되지 않은 상태에서 외부 환경을 카메라로 촬영하고 영상처리로 3D 구조를 파악하여 전체 환경과 각 객체를 분리한 후 사용자의 머리와 안구를 추적하여 주목하는 객체를 디스플레이에 표시할 수 있어야 하며, 스피커나 이어폰을 통해 해당 사용자에게 소리 정보를 전달할 수 있어야 한다. 마이크를 통해 음성 명령을 받거나 시계 또는 팔찌형 장치로 사용자의 손동작을 인식하거나 안경 기기 하단의 카메라를 통해 손동작을 영상처리하여 인식할 수 있어야 한다. 또한 데이터 통신을 통해 네트워크에 접속이 가능하여 기존의 통화나 메시지, 데이터 통신이 가능하고 하루 이상의 사용 시간이 보장된다면 스마트폰을 대체할 수 있을 것이다(Xi et al., 2023). 플랫폼으로 사용하기 위해서는 물리적인 기기 개발과 함께 증강현실 기기를 구동할 수 있으며 높은 수준의 사용자 인터페이스를 갖춘 운영체계와 개발자들이 참여할 수 있는 애플리케이션 마켓, 콘텐츠 제작 및 배포가 가능한 유통체계를 만든다면 현재 애플과 구글이 차지하고 있는 위치에 도달할 수 있을 것이다. 이를 위해 소형화·경량화 기술의 개발도 중요하지만 소프트웨어 기술에 대한 투자와 사용자 경험의 설계가 중요하다.

5) 인터페이스 표준과 가이드라인

모바일이 출현한 초기에는 UI와 조작이 서로 다른 경우가 많았으며, 사용자는 원하는 서비스를 사용하기 위해 각각의 조작법을 익혀야 했다. 그러나 시간이 흐른 뒤 거의 대부분의 서비스는 유사한 조작법을 가지고 있다. 잘 만들어진 서비스를 모방하여 표준적인 형태가 등장한 경우도 많으며, 운영체제별로 디자인에 대한 가이드라인이 수립되었기 때문이다. 하지만 가상현실, 증강현실, 혼합현실은 이제서야 본격적인 시작이다. 2010년 중반 오큘러스가 가상현실 기기를 발표한 이후, 모바일 가상현실(구글 데이드림, 삼성 기어 VR), 컴퓨터 연결형 가상현실(오큘러스 리프트, HTC 바이브, 마이크로소프트 MR 헤드셋 시리즈), 독립형 가상현실(오큘러스 퀘스트) 등 여러 기업들이 다양한 형태의 기기와 플랫폼을 제작했으나 대부분 시장에서 사라졌다.

메타 퀘스트 3는 가상현실 기기지만 외부 정보를 카메라로 촬영하여 내부 화면에 보여주어 증강현실 경험을 제공할 수 있다. 애플의 비전 프로는 컨트롤러를 사용하지 않고 안구 추적을 통해 시선으로 지시하고 손을 이용한 조작이 가능하여 팔의 피로를 경감했다. 애플의 비전 프로는 운영체계의 완성도가 높은 편이지만, 두 기기 모두 아직 사용성이 높지 못하다. 메타와 애플이 아직 기술적 성숙도가 충분하지 않은 상황에서 기기를 출시하는 것은 시장 선점의 의미보다 운영체계에 대한 소개와 인터페이스 가이드라인 공개를 통한 생태계 구축의 의미가 크다. 스마트폰과 마찬가지로 사용자 수가 일정 규모를 달성한 경우에만 플랫폼이 지속가능하며, 개발자가 해당 플랫폼을 위한 애플리케이션을 제작하고자 할 때 사용자의 규모와 함께 플랫폼에서 제공하는 운영체계와 사용자 인터페이스의 역할이 크다. 일정 규모 이상의 플랫폼 보유 기업이 아닌 경우 지속적인 기술 개발과 투자가 필요한 서비스를 지속하기 불가능하기 때문이다.

인터페이스 표준은 중요한 전략적 요소로, 특히 혼합현실 같은 신흥 분야에서는 중요성이 더욱 크다. 인터페이스 표준을 통해 생태계를 구축하고, 개발자와 사용자를 포함한 광범위한 커뮤니티를 형성할 수 있다(Tidwell, 2005). 혼합현실 인터페이스 표준을 선점한다면 일관된 사용자 경험을 제공할 수 있다. 표준화된 인터페이스는 사용자가 다양한 기기와 애플리케이션에서 사용자에게 일관된 경험을 제공한다. 이를 통해 사용자의 학습 난이도를 낮추고, 기술에 대한 적응을 용이하게 한다. 또한 표준화된 API와 개발 도구는 개발자들이 다양한 플랫폼에서 일관된 애플리케이션을 개발할 수 있도록 지원한다. 이는 개발 비용과 시간을 절감하고, 품질 높은 애플리케이션 개발을 촉진한다. 높은 수준의 애플리케이션이 지속적으로 공급되면 사용자가 해당 애플리케이션을 통해 풍부한 사용자 경험을 하게 되며, 개발자와 사용자 커뮤니티를 형성하고 플랫폼을 중심으로 한 생태계를 구축하는 선순환 구조를 수립할 수 있다. 마지막으로 협업도 촉진할 수 있다. 이처럼 표준화는 기업과 기관 간의 상호운용성을 높여 기술의 발전과 혁신을 가속화하는 데 중요한 역할을 한다.

인터페이스 표준을 선점하기 위해서는 표준화 과정에서 기술의 최신 동향을 반영해야 하며, 다양한 이해관계자의 요구를 받아들인 후 복잡한 조정 과정을 거쳐야 한다.

3 기술

1. 기기

1) 디스플레이

증강현실에서 디스플레이 기술은 실제 세계에 디지털 정보를 겹쳐 보여주는 중요한 요소다. 실용적인 기기로 자리매김하려면 장시간 사용이 가능해야 하며, 단순히 디스플레이의 성능 향상이 요구되는 것이 아니라 경량화가 중요하다. 이러한 고성능과 경량화를 동시에 충족하기 위해 신소재와 새로운 광학적 구조 개발에 투자하고 있다.

비디오 시스루Video See-Through 방식은 고성능을 충족하기 위한 것으로 고성능 디스플레이를 갖춘 가상현실 기기에 외부 카메라를 통해 주위 환경이나 객체를 투사하는 것이다(Rolland et al., 1994). 메타 퀘스트나 비전 프로가 이 방식을 채택하고 있으며, 성능 향상을 위해 편의성과 사용 시간을 희생한 방식이다. 반대로 사용성을 극대화하기 위한 방식인 광학 시스루Optic See-Through는 전력 소모가 적

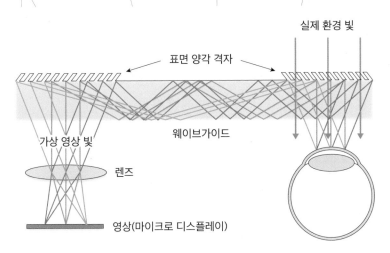

실제 환경 빛

표면 양각 격자

가상 영상 빛

웨이브가이드

렌즈

영상(마이크로 디스플레이)

웨이브가이드

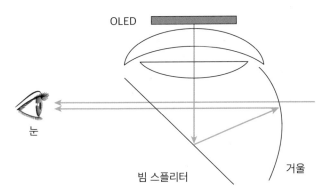

OLED

눈

빔 스플리터

거울

버드배스

다. 기본적으로 배터리 성능의 한계가 사용성의 한계이며, 이를 극복하기 위해 전력 소모 절감을 위해 저전력 반도체 사용과 출력 장치의 개선이 필요하다. 대표적인 기술로 전반사를 이용한 웨이브가이드Waveguide 구조와 반거울과 오목거울을 조합한 버드배스Birdbath

구조가 있다(Xia et al., 2022).

　　웨이브가이드 구조는 빛의 전반사와 상 복제를 사용하여 얇고 가벼운 디스플레이를 만들 수 있다. 하지만 사용자의 눈에 들어오지 않는 빛이 있어 전력 소모 측면에서 불리하다.

　　버드배스 구조는 반거울과 오목거울을 이용하는 단순한 구조로 전력 소모 측면에서 유리하지만, 부피를 차지하기 때문에 소형으로 만들기 불리하다.

　　이 외에도 다양한 광학적 구조 개발이 진행 중이며, 광학원이 되는 마이크로 디스플레이도 중요하다. 사용자에게 선명한 정보를 전달하기 위해서는 고해상도로 구현되어야 하며, 충분한 시야각을 통해 사용성을 높여야 한다. 최근에는 안구추적으로 시선을 파악하고 복수의 디스플레이를 통해 해당 영역의 해상도만 부분적으로 높이는 방식도 소개되었다. 마이크로소프트, 구글, 매직리프Magic Leaf, 디기렌즈DigiLens, 루머스Lumus, 레티널Letinal, 엔리얼Nreal, 노스North 등의 기업이 광학 기술을 이용한 증강현실 기기를 출시하고 있다.

2) 시선 추적

　　시선 추적Eye Tracking 기술은 안구와 머리의 움직임을 측정하여 응시점을 추적하는 기술이다(Krafka et al., 2016). 시선 추적기Eye Tracker 는 심리학, 마케팅 관련 시각 기관에서 연구하는 데 활용하고 있으며 사용자 경험을 설계하는 데 중요한 지표로 사용한다. 또한 재활 및 지원을 위해 활용되고 있었으며, 현재는 사용자 인터페이스 중

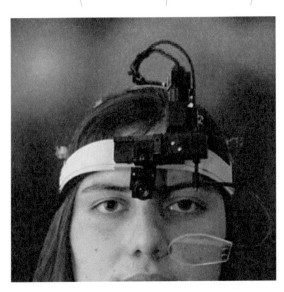

시선 추적

입력장치로 사용처가 늘어나고 있다. 또한 증강현실, 가상현실 기기에서 디스플레이 영상을 보정하기 위해 시선 추적 데이터를 활용한다.

가장 일반적인 방식은 카메라와 적외선을 이용한 것으로 눈에 반사된 적외선을 촬영하여 영상처리를 통해 안구의 위치를 파악한다. 증강현실과 가상현실 관련 기업인 마이크로소프트, 애플, 구글, 메타 등은 대부분 시선 추적 기술을 활용하고 있으며 관련 스타트업에 대한 인수를 통해 연구도 많이 이루어졌다.

2. 소프트웨어

1) 게임 엔진

게임 엔진은 3D 엔진이라고도 하며, 게임을 제작하는 데 필요한 여러 도구를 모아둔 소프트웨어다(Paul et al., n.d.). 현재 3D 환경과 객체, 상호작용을 표현하는 분야에서 가장 고도로 발전한 것이 게임이며, 게임을 만드는 데 일반적으로 사용되는 것이 게임 엔진이다. 높은 수준의 증강현실·가상현실 콘텐츠를 제작하고자 한다면 게임 엔진을 사용하는 것이 유리하다. 게임 엔진은 높은 품질의 3D 그래픽 구현, 3D 객체의 자연스러운 동작을 위한 물리 엔진, 사용자와 객체의 위치에 따른 소리 제어, 다양한 입력 처리, 네트워크 기능 등 필요한 기술이 갖추어져 있다. 대표적인 게임 엔진으로는 유니티Unity와 언리얼 엔진Unreal Engine이 있다.

유니티는 접근성과 유연성이 장점이다. 유니티는 다양한 플랫폼을 지원하며, 개발자가 손쉽게 게임을 제작하고 배포할 수 있다. 유니티의 에셋 스토어Asset Store는 개발에 필요한 다양한 리소스를 제공하여 개발 시간을 단축하고, 높은 품질의 게임을 제작할 수 있

유니티와 언리얼 엔진

게 한다. 또한, 주요 가상현실 기기와 호환성을 제공하여 개발자들이 다양한 가상현실 기기에서 콘텐츠를 실행할 수 있게 한다.

언리얼 엔진은 고품질 그래픽과 사실적인 시뮬레이션을 제공하는 데 강점을 가진다. 언리얼 엔진의 블루프린트 비주얼 스크립팅Blueprint Visual Scripting 시스템은 개발자들이 코드를 작성하지 않고도 복잡한 게임 로직과 상호작용을 구현할 수 있게 한다. 또한 고해상도 텍스처, 동적 조명, 물리 기반 렌더링Physically Based Rendering 등을 통해 현실감 있는 그래픽을 제공한다. 이는 고품질 그래픽과 정교한 상호작용이 필요한 게임과 가상현실에서 중요한 요소로 작동한다.

언리얼 엔진을 개발한 에픽게임즈Epic Games는 디지털 휴먼 생성 도구인 메타휴먼 크리에이터MetaHuman Creator도 제공한다. 메타휴먼 크리에이터는 개발자가 고품질의 사실적인 디지털 휴먼 캐릭터를 쉽게 만들도록 하는 도구로 게임, 영화 제작, 가상현실, 증강현실, 혼합현실 등 다양한 분야에서 활용될 수 있다. 메타휴먼 크리에이터는 웹 기반 애플리케이션으로, 사용자가 얼굴 형상, 피부, 머리카락, 눈, 입술, 치아, 의상 등의 요소를 조정할 수 있다. 이를 통해 인종, 나이, 성별 등 다양한 캐릭터를 현실감 있게 만들 수 있다. 개발자와 아티스트는 자신만의 독창적인 디지털 캐릭터를 빠르고 쉽게 생성할 수 있다. 또한 생성된 메타휴먼은 애니메이션에 바로 활용할 수 있다. 언리얼 엔진과 통합하여 생성된 캐릭터를 언리얼 엔진의 다양한 애니메이션 도구와 함께 사용할 수 있다. 현실감 있는 디지털 휴먼을 만들기 위해 실재 인간의 3D 스캔 데이터를 사용

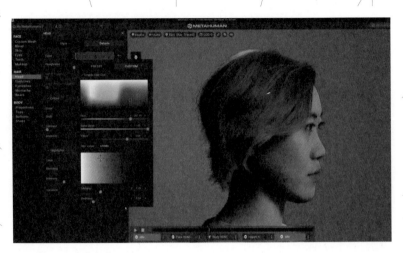

메타휴먼 크리에이터

하여 메타휴먼 크리에이터의 라이브러리를 구축하고 인공지능을
통해 사용자 입력을 기반으로 결과를 생성한다.

이처럼 3D 콘텐츠를 제작하는 데는 게임 관련 소프트웨어가
매우 강력하다. 게임 엔진은 가상현실과 증강현실 콘텐츠 개발에서
도 중요한 역할을 하며, 유니티와 언리얼 엔진은 모두 애플과 구글
의 증강현실 API인 ARKit와 ARCore를 지원한다. 게임 엔진은 여
러 분야에서 필요성이 높아지고 있으며, 향후 영향력이 더욱 확장
될 것이다(Jungherr & Schlarb, 2022).

2) 객체 인식

객체 인식Object Detection은 영상을 통해 객체를 식별하는 기술
이다(Zou et al., 2023). 인간이 이미지나 영상을 통해 인물, 물체, 배경

등 각 객체를 구분할 수 있는 것처럼 컴퓨터가 해당 객체를 구분할 수 있도록 하는 것이다. 객체의 크기, 형태, 위치, 방향 등을 추출하고 이를 기반으로 사용자에게 추가 정보를 증강할 수 있다. 증강현실 기기가 도로와 건물을 인식하여 GPS 신호와 결합한 정보를 사용자에게 제공하며, 신호등의 신호를 식별하고 주변 인물과 차량의 이동을 파악하여 사용자에게 경고를 할 수도 있다.

객체 분류Object Classification는 인공지능을 이용한 컴퓨터 비전 Vision 기술의 핵심으로 다양한 이미지를 학습한 인공지능이 각 객체가 무엇인지 파악한다. 객체 분할Object Segmentation은 이미지의 특정 부분이 어떤 객체에 속하는지 분류하는 작업이다. 이렇게 분할된 객체를 인식하면 해당 객체의 이동을 추적할 수 있다.

객체 인식 기술은 교통 카메라나 CCTV 등에 광범위하게 사용되고 있다. 하지만 높은 성능의 객체 인식 모델은 높은 성능의 하드

객체 인식

웨어를 요구하며, 이를 증강현실에 응용하기 위해서는 저전력 고성
능의 반도체가 필요하다. 또한 장시간 지속적인 촬영으로 인한 전
력 소모도 해결해야 할 문제다.

3. 디지털화

디지털화Digitalization는 단순히 아날로그 정보를 디지털로 변환
하는 과정만을 의미하는 것이 아니라 사회적 활동과 상호작용 방식
을 디지털 기술과 통합하여 새로운 가치와 효율을 창출하는 것이다
(Caputo et al., 2021). 종이 문서, 사진, 음원을 디지털로 변환하는 데서
시작하여 네트워크를 통한 협업과 온라인 플랫폼 구축, 실시간 자
료를 취합한 통합 시스템에 가깝다.

1) 디지털 트윈

디지털 트윈Digital Twin은 실제 물리적 객체나 시스템의 디지
털 복제본을 의미하며, 이를 통해 물리적 객체나 시스템의 상태, 동
작, 프로세스를 실시간으로 모니터링하고 분석할 수 있다(Jones et al.,
2020). 디지털 트윈은 사물인터넷IoT, 빅데이터, 인공지능AI, 클라우
드 컴퓨팅 등의 기술을 활용하여 물리적 세계와 가상세계를 연결하
고, 다양한 분야에서 활용할 수 있다.

물리적 객체나 시스템으로부터 데이터를 수집하는 센서와 장
치로부터 온도, 압력, 진동, 위치 등 다양한 정보를 실시간으로 수

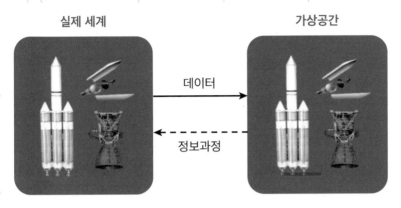

실제 세계　　　　　　　　가상공간

데이터

정보과정

디지털 트윈

집하고 전송하면 클라우드 플랫폼이 수집된 데이터를 저장하고 처리한다. 대규모 데이터를 효율적으로 저장하기 위한 시스템, 데이터 분석과 시뮬레이션 수행을 위한 고성능 컴퓨팅 자원이 필요하다. 인공지능을 활용하여 데이터를 분석하고, 예측 모델을 생성하여 미래의 상태를 예측하거나 현재 상태를 최적화하도록 조정할 수 있다. 이를 시각화하기 위해 3D 모델링 및 시뮬레이션 도구를 활용하여 사용자가 직관적으로 결과를 확인할 수 있도록 돕는다.

　제조업에서는 생산라인의 디지털 트윈을 통해 장비 상태를 확인하고, 예측 유지보수를 수행하며, 생산 공정을 최적화할 수 있다 (Lu et al., 2020). 제품 개발 단계에서는 제품을 시뮬레이션하고 테스트하여 설계 결함을 사전에 발견하고 수정하는 데 활용할 수 있다. 건물이나 인프라의 디지털 트윈을 통해 설계·시공·운영·유지보수 단계에서 정보를 통합하고 관리할 수 있다. 스마트 빌딩은 디지털 트윈을 통해 에너지 사용을 최적화하고, 시설 관리를 효율적으로 수행할 수 있다. 도시 계획에서는 도시 전체의 디지털 트윈을 구축하여 교통 흐름을 분석하고, 환경 영향을 평가하며, 재난 대응을 계획할 수 있다. 의료 분야에서는 디지털 트윈이 환자의 개인 맞춤형 치료를 가능하게 한다. 환자의 생체 데이터를 기반으로 디지털 트윈을 생성하고, 이를 통해 치료 효과를 예측하여 최적의 치료 방안을 도출할 수 있다. 에너지 분야에서는 발전소, 전력망, 재생에너지 시스템 등의 디지털 트윈을 통해 운영 효율성을 높이고, 예측 유지보수를 수행하며, 에너지 사용을 최적화할 수 있다.

디지털 트윈은 물리적 객체나 시스템의 디지털 복제본을 통해 실시간 모니터링, 분석, 예측, 최적화를 가능하게 하는 기술이다. 제조업, 건설 및 건축, 의료, 에너지 등 다양한 산업 분야에서 디지털 트윈은 운영 효율성을 높이고, 비용을 절감하며, 품질을 향상시키는 데 중요한 역할을 할 수 있다. 국토교통부는 지하공간을 포함한 3D 통합지도와 주요 도시의 지형에 대한 3D 공간정보와 정밀도로지도 구축 사업을 꾸준히 진행하고 있으며 미연방항공우주국 NASA, 록히드마틴Lockheed Martin, 제너럴일렉트릭General Electric Company, 지멘스Siemens, DHL, 현대자동차, 삼성중공업, 포스코, 두산스마트건설 솔루션, LG CNS 등 국내외 다양한 기업이 디지털 트윈 기술을 활용하고 있다.

2) 스마트 도시

스마트 도시Smart City는 정보통신기술을 활용하여 도시의 자원을 효율적으로 관리하고, 주민 삶의 질을 향상시키기 위한 도시 개념이다(Kirimtat et al., 2020). 스마트 도시는 주로 인터넷, 빅데이터, 인공지능, 클라우드 컴퓨팅 등의 기술을 통합하여 도시의 인프라, 서비스, 자원 등을 실시간으로 수집하고 관리한다. 교통, 에너지, 보안, 환경, 의료, 교육 등의 분야에서 활용할 수 있다.

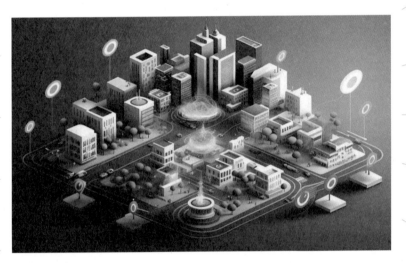

스마트 도시

스마트 그리드Smart Grid는 전력 공급과 소비를 실시간으로 확인하고 관리하여 에너지 효율을 높인다(Dileep, 2020). 스마트 가로등은 주변 밝기와 인구밀도를 감지하여 작동을 선택함으로써 에너지를 절약할 수 있다. 교통 체증을 줄이고 교통 기반시설의 효율을 향상시키기 위해 신호 시스템, 도로 상황, 대중교통 위치 등을 실시간으로 확인하고 조절한다. 실시간 교통 흐름에 따라 교통 신호를 자동으로 조정할 수 있으며, 대중교통 수단의 위치정보를 기반으로 사용자가 도착 시간을 확인할 수 있다. 향후 자율주행 차량과 공유 차량 시스템은 개인 차량 소유의 필요성을 줄여 교통 혼잡과 주차 문제를 해결하는 데 기여할 수 있다. 대기오염, 수질오염, 소음 등을 확인하고, 데이터를 축적하여 환경 정책을 수립하는 데 활용한다. 쓰레기의 양을 감지하여 수거 효율을 높일 수도 있다. 수도 관리 시스템은 누수 감지와 관리 최적화를 통해 수자원을 절약할 수 있다. CCTV와 센서를 통해 범죄와 사고를 예방하고 신속하게 대응할 수 있다. 자연재해나 비상 상황에서 실시간으로 정보를 제공하고, 경고 메시지를 전송하여 안전을 확보하고 의료 접근성을 향상시킬 수 있다. 또한 디지털 학습 도구를 통해 교육의 질을 향상시킬 수 있다. 온라인 플랫폼을 통해 가상현실과 증강현실 기술을 활용한 몰입형 학습을 경험할 수도 있다.

　　스마트 도시는 정보통신기술을 활용하여 도시의 자원을 효율적으로 관리하고, 주민의 삶의 질을 향상시키기 위한 도시 개념이다. 교통, 에너지, 보안, 환경, 의료, 교육 등의 다양한 분야에서 활용할 수 있으며 도시의 효율성과 지속가능성을 높이는 데 기여한다. 스마트 도시를 위한 경직되고 거대한 디지털 트윈을 제작하는 것보다 정보를 축적하고 분석하는 시스템을 수립하고 공공데이터 공개를 통해 민간에서 다양한 서비스를 개발하고 활용할 수 있도록 생태계를 구축하는 것이 중요하다. 공공데이터를 기반으로 지도 서비스에서 예상 소요 시간을 산출하여 경로를 안내하거나 특정 위치에서 대중교통의 도착 시간을 안내하는 애플리케이션 등이 대표적인 사례다. 공공데이터를 앞서 소개한 3D 통합지도와 결합하고 이를 바탕으로 다양한 증강현실 서비스로 확장할 수 있을 것이다.

참고문헌

3D television (2024). In Wikipedia. https://en.wikipedia.org/w/index.php?title=3D_television&oldid=1230567709

Agar, J. (2013). Constant Touch: A Global History of the Mobile Phone. Icon Books Ltd.

Albertmauri (2024, February 10). Designing VR/AR UI in Figma and testing it with no code. Medium. https://uxdesign.cc/lets-design-xr-ui-in-figma-and-bring-it-to-xr-with-no-code-a123b9b647ab

Angelov, V., Petkov, E., Shipkovenski, G., & Kalushkov, T. (2020). Modern Virtual Reality Headsets. 2020 International Congress on Human-Computer Interaction, Optimization and Robotic Applications (HORA), 1-5. https://doi.org/10.1109/HORA49412.2020.9152604

Apple Vision Pro (n.d.). Apple. Retrieved July 1, 2024, from https://www.apple.com/apple-vision-pro/

Arena, F., Collotta, M., Pau, G., & Termine, F. (2022). An Overview of Augmented Reality. Computers, 11(2), Article 2. https://doi.org/10.3390/computers11020028

Augmented Reality Check: Get Ready to Ditch Your Smartphone (2023, December 5). AltexSoft. https://www.altexsoft.com/blog/augmented-reality-check-get-ready-to-ditch-your-smartphone-for-goggles/

Basu, A. (2019). A brief chronology of Virtual Reality.

Berners-Lee, T., Cailliau, R., Luotonen, A., Nielsen, H. F., & Secret, A. (1994). The World-Wide Web. Commun. ACM, 37(8), 76-82. https://doi.org/10.1145/179606.179671

Binocular disparity (2024). In Wikipedia. https://en.wikipedia.org/w/index.php?title=Binocular_disparity&oldid=1226361244

Boyce, M. W., Thomson, R. H., Cartwright, J. K., Feltner, D. T., Stainrod, C. R., Flynn, J., Ackermann, C., Emezie, J., Amburn, C. R., & Rovira, E. (2022).

Enhancing Military Training Using Extended Reality: A Study of Military Tactics Comprehension. Frontiers in Virtual Reality, 3. https://doi.org/10.3389/frvir.2022.754627

Caputo, A., Pizzi, S., Pellegrini, M. M., & Dabić, M. (2021). Digitalization and business models: Where are we going? A science map of the field. Journal of Business Research, 123, 489-501. https://doi.org/10.1016/j.jbusres.2020.09.053

Carroll, M., Surpris, G., Strally, S., Archer, M., Hannigan, F., Hale, K., & Bennett, W. (2013). Enhancing HMD-Based F-35 Training through Integration of Eye Tracking and Electroencephalography Technology. In D. D. Schmorrow & C. M. Fidopiastis (Eds.), Foundations of Augmented Cognition (pp. 21-30). Springer. https://doi.org/10.1007/978-3-642-39454-6_3

Cheng, S. (2023). Metaverse. In S. Cheng (Ed.), Metaverse: Concept, Content and Context (pp. 1-23). Springer Nature Switzerland. https://doi.org/10.1007/978-3-031-24359-2_1

com, G. P. D. (2023, January 2). Unity vs Unreal Comparison: Which Game Engine is better? (2023) - Gameplay Developer. https://www.gameplaydeveloper.com/unity-vs-unreal-in-the-gaming-industry/

Cooper, A., Reimann, R., Cronin, D., & Noessel, C. (2014). About Face: The Essentials of Interaction Design. John Wiley & Sons.

Craig, A. B. (2013). Understanding Augmented Reality: Concepts and Applications. Newnes.

DHL successfully tests augmented reality application in warehouse (n.d.). DHL. Retrieved July 1, 2024, from https://www.dhl.com/global-en/delivered/digitalization/dhl-successfully-tests-augmented-reality-application-in-warehouse.html

Digital twin (2024). In Wikipedia. https://en.wikipedia.org/w/index.php?title=Digital_twin&oldid=1223777000

Dileep, G. (2020). A survey on smart grid technologies and applications. Renewable Energy, 146, 2589-2625. https://doi.org/10.1016/j.renene.2019.08.092

Eye tracking (2024). In Wikipedia. https://en.wikipedia.org/w/index.php?title=Eye_tracking&oldid=1192982769

Furht, B. (2011). Handbook of Augmented Reality. Springer Science & Business Media.

Garrett, J. J. (2011). The elements of user experience: User-centered design for the Web and beyond (2nd ed). New Riders.

Google Glass (2024). In Wikipedia. https://en.wikipedia.org/w/index.php?title=-Google_Glass&oldid=1231689499

Gurrin, C., Smeaton, A. F., & Doherty, A. R. (2014). LifeLogging: Personal Big Data. Foundations and Trends® in Information Retrieval, 8(1), 1-125. https://doi.org/10.1561/1500000033

Hassenzahl, M., & Tractinsky, N. (2006). User experience—A research agenda. Behaviour & Information Technology, 25(2), 91-97. https://doi.org/10.1080/01449290500330331

Head-up display (2024). In Wikipedia. https://en.wikipedia.org/w/index.php?title=Head-up_display&oldid=1223684020

Hudson, S., Matson-Barkat, S., Pallamin, N., & Jegou, G. (2019). With or without you? Interaction and immersion in a virtual reality experience. Journal of Business Research, 100, 459-468. https://doi.org/10.1016/j.jbusres.2018.10.062

Husár, J., & Knapčíková, L. (2021). POSSIBILITIES OF USING AUGMENTED REALITY IN WAREHOUSE MANAGEMENT: A STUDY. Acta Logistica, 8(2), 133-139. https://doi.org/10.22306/al.v8i2.212

Introducing Oculus Quest 2, the Next Generation of All-in-One VR (2020, September 16). Meta. https://about.fb.com/news/2020/09/introducing-oculus-quest-2-the-next-generation-of-all-in-one-vr/

iPhone (1st generation) (2024). In Wikipedia. https://en.wikipedia.org/w/index.php?title=IPhone_(1st_generation)&oldid=1233013918

Jones, D., Snider, C., Nassehi, A., Yon, J., & Hicks, B. (2020). Characterising the Digital Twin: A systematic literature review. CIRP Journal of Manufacturing Science and Technology, 29, 36-52. https://doi.org/10.1016/j.cirpj.2020.02.002

Jungherr, A., & Schlarb, D. B. (2022). The Extended Reach of Game Engine Companies: How Companies Like Epic Games and Unity Technologies Provide Platforms for Extended Reality Applications and the

Metaverse. Social Media + Society, 8(2), 20563051221107641. https://doi.org/10.1177/20563051221107641

Khamzina, M., Parab, K. V., An, R., Bullard, T., & Grigsby-Toussaint, D. S. (2020). Impact of Pokémon Go on Physical Activity: A Systematic Review and Meta-Analysis. American Journal of Preventive Medicine, 58(2), 270-282. https://doi.org/10.1016/j.amepre.2019.09.005

Kim, M.-U., Park, D., & Jin, S. (2023). Multi-User Augmented Reality-Based Aerospace System Design Review Platform. The Journal of Korean Institute of Communications and Information Sciences, 48(12), 1714-1721. https://doi.org/10.7840/kics.2023.48.12.1714

Kirimtat, A., Krejcar, O., Kertesz, A., & Tasgetiren, M. F. (2020). Future Trends and Current State of Smart City Concepts: A Survey. IEEE Access, 8, 86448–86467. https://doi.org/10.1109/ACCESS.2020.2992441

Krafka, K., Khosla, A., Kellnhofer, P., Kannan, H., Bhandarkar, S., Matusik, W., & Torralba, A. (2016). Eye Tracking for Everyone. 2176-2184. https://www.cv-foundation.org/openaccess/content_cvpr_2016/html/Krafka_Eye_Tracking_for_CVPR_2016_paper.html

Kurland, E. (2017). History of VR. In Virtual Reality Filmmaking. Routledge.

Leiner, B. M., Cerf, V. G., Clark, D. D., Kahn, R. E., Kleinrock, L., Lynch, D. C., Postel, J., Roberts, L. G., & Wolff, S. (2009). A brief history of the internet. SIGCOMM Comput. Commun. Rev., 39(5), 22-31. https://doi.org/10.1145/1629607.1629613

Lin, C.-W., Mao, T.-Y., Huang, Y.-C., Sia, W. Y., & Yang, C.-C. (2020). Exploring the Adoption of Nike+ Run Club App: An Application of the Theory of Reasoned Action. Mathematical Problems in Engineering, 2020(1), 8568629. https://doi.org/10.1155/2020/8568629

Lockheed Martin F-35 Lightning II (2024). In Wikipedia. https://en.wikipedia.org/w/index.php?title=Lockheed_Martin_F-35_Lightning_II&oldid=1231587018

Lu, Y., Liu, C., Wang, K. I.-K., Huang, H., & Xu, X. (2020). Digital Twin-driven smart manufacturing: Connotation, reference model, applications and research issues. Robotics and Computer-Integrated Manufacturing, 61, 101837.

https://doi.org/10.1016/j.rcim.2019.101837

macOS - Continuity (n.d.). Apple (India). Retrieved July 2, 2024, from https://www.apple.com/in/macos/continuity/

Maroto, M., Caño, E., González, P., & Villegas, D. (2018). Head-up Displays (HUD) in driving(arXiv:1803.08383). arXiv. https://doi.org/10.48550/arXiv.1803.08383

MetaHuman | Realistic Person Creator (n.d.). Unreal Engine. Retrieved July 7, 2024, from https://www.unrealengine.com/en-US/metahuman

Meta Quest VR Headsets, Accessories & Equipment | Meta Quest (n.d.). Retrieved July 1, 2024, from https://www.meta.com/kr/en/quest/

Metaverse Roadmap: Pathways to the 3D Web (n.d.). Retrieved July 1, 2024, from https://www.metaverseroadmap.accelerating.org/

Microsoft HoloLens Comes to Europe (2016, October 12). Microsoft News Centre Europe. https://news.microsoft.com/europe/features/microsoft-hololens-comes-to-europe/

Microsoft HoloLens | Mixed Reality Technology for Business (n.d.). Retrieved July 1, 2024, from https://www.microsoft.com/en-us/hololens

Mon-Williams, M., Warm, J. P., & Rushton, S. (1993). Binocular vision in a virtual world: Visual deficits following the wearing of a head-mounted display. Ophthalmic and Physiological Optics, 13(4), 387-391. https://doi.org/10.1111/j.1475-1313.1993.tb00496.x

Morimoto, T., Kobayashi, T., Hirata, H., Otani, K., Sugimoto, M., Tsukamoto, M., Yoshihara, T., Ueno, M., & Mawatari, M. (2022). XR (Extended Reality: Virtual Reality, Augmented Reality, Mixed Reality) Technology in Spine Medicine: Status Quo and Quo Vadis. Journal of Clinical Medicine, 11(2), Article 2. https://doi.org/10.3390/jcm11020470

Muñoz-Saavedra, L., Miró-Amarante, L., & Domínguez-Morales, M. (2020). Augmented and Virtual Reality Evolution and Future Tendency. Applied Sciences, 10(1), Article 1. https://doi.org/10.3390/app10010322

Neretin, E. S., Dyachenko, S. A., Chufirin, V. A., & Ilyashenko, D. M. (2020). Head-up display architecture development for perspective civil aircraft. IOP Conference Series: Materials Science and Engineering, 868(1), 012030. https://

doi.org/10.1088/1757-899X/868/1/012030

Norman, D. (2013). The Design of Everyday Things: Revised and Expanded Edition. Basic Books.

Object detection (2024). In Wikipedia. https://en.wikipedia.org/w/index.php?title=-Object_detection&oldid=1233053264

Oufqir, Z., El Abderrahmani, A., & Satori, K. (2020). ARKit and ARCore in serve to augmented reality. 2020 International Conference on Intelligent Systems and Computer Vision (ISCV), 1-7. https://doi.org/10.1109/ISCV49265.2020.9204243

Paul, P. S., Goon, S., & Bhattacharya, A. (n.d.). HISTORY AND COMPARATIVE STUDY OF MODERN GAME ENGINES.

Pokémon Go (2024). In Wikipedia. https://en.wikipedia.org/w/index.php?title=Pok%C3%A9mon_Go&oldid=1231336985

Ray-Ban Meta Wayfarer, Matte Black, Graphite Polar Gradient | Meta Store (n.d.). Retrieved July 7, 2024, from https://www.meta.com/kr/en/smart-glasses/wayfarer-matte-black-graphite-polar-gradient/

Reasons why a Bad Ui/UX can Kill a Great Mobile App | Chapter247 (2020, March 24). https://www.chapter247.com/blog/reasons-why-a-bad-ui-ux-can-kill-a-great-mobile-app/

Ricci, A., Piunti, M., Tummolini, L., & Castelfranchi, C. (2015). The Mirror World: Preparing for Mixed-Reality Living. IEEE Pervasive Computing, 14(2), 60-63. https://doi.org/10.1109/MPRV.2015.44

Rolland, J., Holloway, R., & Fuchs, H. (1994). Comparison of optical and video see-through, head-mounted displays. Proceedings of SPIE - The International Society for Optical Engineering. https://doi.org/10.1117/12.197322

Rotter, P. (2017). Why Did the 3D Revolution Fail?: The Present and Future of Stereoscopy [Commentary]. IEEE Technology and Society Magazine, 36(1), 81-85. https://doi.org/10.1109/MTS.2017.2654294

Safi, M., & Chung, J. (2023). Augmented Reality Uses and Applications in Aerospace and Aviation. In A. Y. C. Nee & S. K. Ong (Eds.), Springer Handbook of Augmented Reality (pp. 473-494). Springer International Publishing.

https://doi.org/10.1007/978-3-030-67822-7_20

Scholz, J., & Smith, A. N. (2016). Augmented reality: Designing immersive experiences that maximize consumer engagement. Business Horizons, 59(2), 149-161. https://doi.org/10.1016/j.bushor.2015.10.003

Schroeder, R. (2008). Defining Virtual Worlds and Virtual Environments. Journal For Virtual Worlds Research, 1(1), Article 1. https://doi.org/10.4101/jvwr.v1i1.294

Sherman, W. R., & Craig, A. B. (2018). Understanding Virtual Reality: Interface, Application, and Design. Morgan Kaufmann.

Singh, S. (2016). AN OVERVIEW OF AUGMENTED REALITY IN VARIOUS FIELDS OF MECHANICAL ENGINEERING.

Speicher, M., Hall, B. D., & Nebeling, M. (2019). What is Mixed Reality? Proceedings of the 2019 CHI Conference on Human Factors in Computing Systems, 1-15. https://doi.org/10.1145/3290605.3300767

Stereoscope (2024). In Wikipedia. https://en.wikipedia.org/w/index.php?title=Stereoscope&oldid=1211922951

Stone, D., Jarrett, C., Woodroffe, M., & Minocha, S. (2005). User Interface Design and Evaluation. Elsevier.

The key characteristics of the Smart City 6.0 concept (2024, July 4). The Smart City Journal. https://www.thesmartcityjournal.com/en/cities/the-key-characteristics-of-the-smart-city-6-0-concept

Tidwell, J. (2005). Designing Interfaces: Patterns for Effective Interaction Design. O'Reilly Media, Inc.

User interface (2024). In Wikipedia. https://en.wikipedia.org/w/index.php?title=User_interface&oldid=1229489785#cite_note-:1-23

Weinbaum, S. G. (2016). Pygmalion's Spectacles. Simon and Schuster.

World Wide Web (2024). In Wikipedia. https://en.wikipedia.org/w/index.php?title=World_Wide_Web&oldid=1230150983

Xia, X., Guan, F., Cai, Y., & Thalmann, N. (2022). Challenges and Advancements for AR Optical See-Through Near-Eye Displays: A Review. Frontiers in Virtual Reality, 3. https://doi.org/10.3389/frvir.2022.838237

Xi, N., Chen, J., Gama, F., Riar, M., & Hamari, J. (2023). The challenges of entering the metaverse: An experiment on the effect of extended reality on workload. Information Systems Frontiers, 25(2), 659-680. https://doi.org/10.1007/s10796-022-10244-x

Zou, Z., Chen, K., Shi, Z., Guo, Y., & Ye, J. (2023). Object Detection in 20 Years: A Survey. Proceedings of the IEEE, 111(3), 257-276. https://doi.org/10.1109/JPROC.2023.3238524

2부

문화콘텐츠 속
메타버스와 버추얼휴먼

2부에서는 2020년부터 2024년 3월까지 문화콘텐츠에서 '메타버스'와 '버추얼휴먼'이 주목받으며 가져온 변화와 논의할 주제들을 다양한 측면에서 살펴보고자 했다. 2부 구성은 총 12장으로, 1장은 2020~2024년 3월까지 관련 전반적 이슈, 2~4장은 2020~2021년 관련 이슈, 5~8장은 2022년 관련 이슈, 9~12장은 2023~2024년 3월까지 관련 이슈를 다루었다. 그리고 본문을 완성한 후 ChatGPT를 이용해 각 본문에 대한 제목과 요약본을 추천받아 제시했다.

2020년: 비대면 환경의 부상과 메타버스의 대안성

2020년은 코로나19 팬데믹으로 인해 비대면 환경이 확산하면서 오프라인 이벤트의 어려움이 드러나는 시기였다. 이에 따라 메타버스가 주목받기 시작했으며, 메타버스는 현실세계의 제약을 넘어서는 가상공간을 제공하여 사용자가 안전하게 소셜 및 엔터테인먼트 활동을 할 수 있는 대안으로 주목받았다.

2021년: 메타버스 기술의 확산과 창의적 활용

2021년은 메타버스 기술과 플랫폼이 엔터테인먼트 산업에서 점점 더 주목받기 시작했다. 특히, 대중음악K-pop 분야에서는 메타버스 플랫폼이 콘서트와 공연을 위한 창의적인 공간으로 활용되었다. 가상현실, 증강현실, 인공지능 등을 통해 현실에서는 불가능한 차원의 상호작용과 경험을 제공하며, 새로운 문화 경험을 창출하고자 하는 시도가 이루어졌다.

2022년: 버추얼휴먼의 다양한 형태와 콘텐츠로의 확산

2022년은 메타버스와 함께 버추얼휴먼이 다양한 형태와 콘텐츠로 확산했다. 버추얼 인플루언서, 버튜버, 버추얼 아이돌 등 새로운 디지털 콘텐츠 형태가 주목받았고, 이들 콘텐츠는 현실에서와 비슷한 가상현실 상호작용을 제공하며 사람들의 큰 관심을 받았다. 디지털 공간에서의 새로운 경험을 통해 사용자는 전통적인 엔터테인먼트 형식을 넘어 창의적인 경험을 즐길 수 있었다.

2023~2024년 3월: 콘텐츠 다양성과 지속가능성 논의 필요

2023년은 메타버스와 버추얼휴먼이 엔터테인먼트 콘텐츠를 창출하며 새로운 문화 경험을 제공했다. 그러나 코로나19 팬데믹이 종식된 이후 메타버스와 버추얼휴먼에 대한 관심이 다소 하락하면서 다양한 엔터테인먼트 콘텐츠에 대한 고민이 필요한 시점이 되었다. 그리고 메타버스와 버추얼 존재를 활용한 엔터테인먼트 콘텐츠의 지속가능성과 윤리적 고려가 점점 더 중요한 문제로 드러났다.

메타버스와 버추얼휴먼이 문화콘텐츠에 새로운 가능성을 열어주고 있지만, 이러한 발전을 지속할 수 있고 윤리적으로 적절하게 이루어질 수 있도록 사회적 논의와 규제가 필요하다. 이는 향후 메타버스와 버추얼을 활용한 문화콘텐츠 산업의 발전 방향을 결정짓는 중요한 과제가 될 것이다.

1 빅데이터로 보는
메타버스 세상

메타버스Metaverse는 초월meta과 우주universe의 합성어로 가상과 현실이 융합된 또 하나의 세계를 의미한다. 1992년 닐 스티븐슨Neal Stephenson의 SF소설 《스노 크래시Snow Crash》에서 'Metaverse'라는 용어가 처음 등장한 것으로 알려져 있다. 나아가 오래전부터 영화에서는 가상의 영역을 콘텐츠화하고 있는데, 〈아바타Avatar〉(2009), 〈그래비티Gravity〉(2013), 〈레디 플레이어 원Ready Player One〉(2018) 등이 있다.

이처럼 메타버스는 눈에 보이지 않는 상상을 현실처럼 창조할 수 있는 공간이자, 콘텐츠 향유 수단을 넘어 새로운 관계를 맺을 수 있기 때문에 그 속에서 사회적 연대감이나 소속감을 길러주는 기능까지 했다. 이러한 이유로 게임, 엔터테인먼트, 교육뿐만 아니라 정보 검색, 의료, 제조, 건설, 패션, 마케팅 등의 다양한 산업은 메타버스에 민감하게 반응했고, 관련 콘텐츠와 융합하고자 많은 시도를 했다.

2021년부터 2022년까지 메타버스 플랫폼 초기 활성화 과정에서는 국내 한류 및 문화콘텐츠와 메타버스의 융합이 엔터테인먼트 산업에서 큰 주목을 받았다. 특히 코로나19 팬데믹으로 인해 국내 아티스트들이 해외 투어를 제한받았고, 해외 팬들도 국내 방문이 어려워진 상황에서 메타버스라는 가상공간에서의 새로운 한류 및 문화콘텐츠 경험을 제공하는 중요한 대안으로 주목받았다.

네이버 Z가 개발한 메타버스 플랫폼인 제페토ZEPETO 같은 여러 메타버스 플랫폼에서는 주요 엔터테인먼트 기업들과 협업하여 다양한 K-pop 공연콘텐츠와 이벤트를 성공적으로 시도하며 긍정적인 반응을 얻었다. 이러한 협업은 아이돌 그룹이 가상 형태로 공연을 진행하고 팬들과 상호작용할 수 있는 새로운 방법을 제시했다. 팬들은 가상공간에서 아이돌과 함께 춤을 추거나 음악을 즐겼는데, 이는 기존 공연 형태와는 다르게 더욱더 참여적이고 개인화된 경험을 가능하게 했다.

메타버스는 기존의 온라인 콘텐츠 플랫폼과는 차별화된 상호작용과 현실감을 제공하며, 팬들에게 새로운 형태의 경험을 선사했다. 메타버스 플랫폼을 통해 팬들은 가상 형태로 아이돌과 소통하며, 공연을 즐기는 동안 새로운 경험을 즐길 수 있었다. 이러한 접

한류 메타버스 'K-원더랜드'(2022~2024)

근은 한류 및 문화콘텐츠의 글로벌 확산을 촉진하는 중요한 역할을 했고, K-pop 스타들도 가상공간에서의 활동을 통해 새로운 팬과의 소통을 경험할 수 있었다.

　　일례로 문화체육관광부와 국제문화교류진흥원이 제페토 플랫폼에 구축한 한류 메타버스 'K-원더랜드'를 들 수 있다. 2022년 10월에 공개된 K-원더랜드는 글로벌 한류 팬들에게 언제 어디서나 K-컬처를 경험하고, K-콘텐츠를 직접 창작할 수 있는 기회를 제공한다. 2023년에는 국내 인기 아티스트와 슈퍼 IP와의 협업을 통해 더욱 풍부한 체험을 제공했다. 드라마 〈연모〉, 영화 〈써니〉, 웹툰과 드라마 〈유미의 세포들〉, 그리고 〈편스토랑〉 등과 같은 다양한 K-콘텐츠와 K-pop 아이돌 그룹 '더보이즈THE BOYZ'와의 컬래버레이션collaboration을 통해 다채로운 이벤트와 홍보 활동을 진행했다. 그 결과, K-원더랜드는 197개국에서 100만 명 이상의 방문자를 기록했는데, 이 중 87% 이상이 해외 이용자였으며, 이러한 성과는 메타버스가 한류 콘텐츠의 글로벌 확산에 미치는 주요한 영향을 잘 보여준다.

사회적으로 메타버스에 대한 인기가 높아짐에 따라 학계에서도 메타버스 플랫폼을 활용한 K-pop 공연 관련 연구가 진행되었으며, 주요한 시사점들을 제시했다. 연구 결과에 따르면, 메타버스 플랫폼을 통한 공연은 관객에게 더욱 인터랙티브하고 풍부한 경험을 제공할 수 있는 잠재력을 가지고 있었다. 실제로 체험할 수 있는 구조적이고 심미적인 요소를 강화하여 관객이 공연에 몰입할 수 있도록 하는 것이 중요하다는 점을 강조했으며, 공연 디자인과 전략적 접근에서 일탈성의 중요성을 지적했다. 메타버스에서 새로운 차원을 경험할 수 있는 느낌을 관객에게 제공하는 것은 공연 후에도 플랫폼에 대한 충성도를 높이는 요소로 작용할 수 있다고 언급했다. 그리고 연구는 메타버스 플랫폼 이용의 편리성과 유용성을 사전에 관객에게 잘 전달하는 것의 중요성을 강조했는데, 이는 관객이 플랫폼을 통해 제공되는 공연을 더욱 만족스럽게 즐기며, 이를 통해 공연에 대한 만족도와 인식을 높이는 데 기여할 수 있을 것이라 언급했다.

최근 몇 년간 메타버스는 게임 및 엔터테인먼트 콘텐츠뿐만 아니라 교육, 의료, 제조, 건설, 패션, 마케팅 등 다양한 분야로 확장되어왔다. 이러한 확장은 메타버스가 다양한 산업과의 융합을 통해 새로운 기회와 가능성을 제공하고 있음을 시사한다.

빅데이터를 통해 본 메타버스의 변화는 다음과 같은 주요 현상을 포함할 수 있다. 먼저, 네이버 데이터랩Naver DataLab, 구글 트렌드Google Trends, 그리고 빅카인즈Big Kinds를 통해 분석한 결과, 2019년 11월 1일부터 2023년 12월 31일까지 메타버스 관련 데이터는 특정 패턴을 보였다. 특히, 2020년 후반부터 2021년까지 메타버스에 대한 관심이 급증했으며, 이는 코로나19 팬데믹으로 인한 비대면 환경의 일상화와 관련이 있었다. 2021년 11월, 12월에는 메타버스 관련 검색량과 보도량이 정점을 찍었는데, 이는 메타버스 관련 이슈가 대중과 언론에서 매우 주목받았음을 시사한다. 그러나 2022년 이후에는 검색량과 보도량 모두 감소하는 추세를 보였는데, 이는 코로나19의 종식 선언과 함께 일상으로의 회복이 이루어졌기 때문으로 해석될 수 있다. 메타버스에 대한 관심이 초기의 뜨거움에서 점차 일상적인 관심 수준으로 변화하고 있음을 보여주는 이 데이터는 향후 메타버스의 기술 발전과 사회적 관심 변화를 예측하는 중요한 지표로 활용될 수 있다. 그리고 메타버스가 어떻게 발전하고, 사람들의 관심이 어느 방향으로 변할지를 예측하여 적절한 전략을 마련하는 데 도움이 될 것이다.

다음으로 빅카인즈가 제공하는 2021년 11월 1일부터 2021년 12월 31일까지의 뉴스 빅데이터를 활용해 메타버스 관련 이슈들을 워드 클라우드[1]로 생성했다.

메타버스의 기술적 및 사회적 영향을 중심으로 워드 클라우드 결과를 살펴보면, 메타버스는 인공지능AI, Artificial Intelligence, 가상현실VR, Virtual Reality, 증강현실AR, Augmented Reality 등 첨단 기술을

'메타버스' 관련 언론 기사 워드 클라우드

기반으로 한 가상세계로, 사람들이 디지털 아바타를 통해 상호작용할 수 있는 공간이다. 이러한 가상세계는 소셜미디어, 게임, 교육, 업무 등 다양한 영역에서 활용될 수 있으며, 물리적 제약을 뛰어넘어 새로운 형태의 소통과 협업을 통해 다양한 가상 경험과 소셜 인터랙션social interaction이 가능하게 했다. 메타버스는 경험 기반 마케팅의 구현, 가상 경제와 물리적 경제의 융합 등을 통해 사회적 변화를 주도하며, 다양한 분야에서 그 영향력을 확대했다. 사회문화적 측면에서 메타버스는 새로운 커뮤니티 형성의 장이 되었고, 사람들은 지리적·문화적 장벽을 넘어 다양한 배경을 가진 사람들과 소통할 수 있었다. 그리고 가상공간에서의 창의적인 표현과 활동이 현실세계의 문화에 새로운 영감을 불어넣어 가상 콘서트나 전시회 등 물리적 공간의 한계를 넘어 전 세계 사람들이 동시에 참여할 수 있게 했다.

다음으로 블록체인Blockchain은 분산형 데이터베이스 기술로, 거래 내역을 투명하게 기록하고 관리할 수 있는 시스템으로 알려져 있다. 중앙집중형 권한 없이도 데이터의 무결성과 보안을 보장할 수 있어 금융, 의료, 물류 등 다양한 산업에서 변화를 가져오기도 했다. 사회문화적으로 블록체인은 신뢰의 개념을 재정의했는데, 기존의 신뢰 시스템은 주로 중앙 기관에 의존했지만 블록체인은 기술 자체가 신뢰의 기반이 되어 중개자의 역할을 최소화했다. 이는 투명성과 효율성을 높이고, 부패와 조작 가능성을 줄이며, 더 공정한 거래 환경을 조성하는 데 기여하고자 했다. 예를 들어, 스마트 계약 Smart Contracts은 블록체인 기술을 이용해 계약 조건이 충족되면 자동으로 실행되는 프로그램으로, 계약 이행 과정을 더욱 투명하고 안전하게 만들었다.

NFTNon-Fungible Token, 대체불가토큰는 블록체인 기술을 활용하여 디지털 자산의 소유권을 증명하는 토큰이다. 예술 작품, 음악, 비디오, 게임 아이템 등 다양한 디지털 콘텐츠가 NFT로 발행될 수 있으며, 이는 창작자들에게 새로운 수익 모델을 제공했다. 특히, NFT는 문화예술 분야에 큰 변화를 가져왔는데, 디지털 예술 작품이 NFT를 통해 고유성과 가치를 인정받으면서 예술가들은 중개자 없이 직접 작품을 판매하고 수익을 창출할 수 있게 되었다. 또한, 소유권의 개념이 디지털 세계로 확장되면서 새로운 형태의 수집 문화가 형성되기도 했는데, 비플Beeple의 디지털 작품이 크리스티 경매에서 6,900만 달러에 판매된 사례는 NFT가 예술시장에 미친 영향을 잘 보여준다.

메타버스는 현실과 가상이 결합한 새로운 세계를 제공하는 개념으로, 코로나19 팬데믹 이후 비대면 환경의 일상화와 깊은 연관이 있어 관심과 활용이 급증했다. 그리고 메타버스, 블록체인, NFT는 각각의 기술이 독립적으로 발전하면서도 상호 보완적으로 작용하여 새로운 디지털 생태계를 구축했다. 이러한 기술들은 사회문화적 변화를 촉진하며 새로운 형태의 소통, 신뢰, 소유권 개념을 제시했다. 이 같은 현상은 온라인 활동의 중요성이 두드러지면서 메타버스가 제공하는 다양한 잠재력을 더욱 주목받게 한 결과다.

초기에는 주로 게임과 엔터테인먼트 분야에서 활용되었지만, 점차 교육, 의료, 제조, 건설, 패션, 마케팅 등 다양한 산업에서도 적용되었다. 이는 메타버스 기술이 발전하면서 현실적이고 다채로운 사용자 경험을 제공할 수 있었기 때문이다. 그리고 메타버스 기술의 발전은 주로 가상현실, 증강현실, 혼합현실, 확장현실, 인공지능 등 기술의 진보를 통해 이루어졌다. 이러한 기술 발전은 다양한 산업 분야에서 새로운 변화를 도모하며, 기업들이 새로운 마케팅 전략을 실험하고 공공 기관들이 창의적인 서비스를 제공하는 데 도움을 주었다.

그러나 코로나19의 종식으로 인해 일상으로의 회복이 진행되면서 메타버스에 대한 사회적 관심과 활용이 일시적으로 하락하는 추세를 보였다. 그럼에도 메타버스는 여전히 기업과 공공 기관들에 의해 적극적으로 활용될 수 있는 유망한 기술이다. 따라서 메타버스 내에서 가능한 다양한 콘텐츠가 절실히 필요한 상황이다. 예를 들어 교육 분야에서는 새로운 상호작용이 높은 학습 경험을 제공하며, 의료 분야에서는 원격 진료와 교육을 강화할 수 있는 등 다양한 콘텐츠 개발이 필요하다. 이러한 콘텐츠들은 메타버스의 잠재력을 실현하고, 사용자에게 실질적인 가치를 제공할 수 있을 것이다.

마지막으로 메타버스의 활용 범위를 더 넓히기 위해서는 적절한 윤리적·법적인 가이드라인이 필수다. 개인정보 보호, 데이터 보안, 가상 경제의 안정성 등에 대한 규제가 필요하며, 가상세계에서의 도덕적 문제와 사회적 문제의 대응 방안도 주요한 이슈로 나타났다. 메타버스가 지속할 수 있고 사회적으로 수용될 수 있게 하기 위해서는 이러한 제도적인 논의와 함께 기술 발전과 변화를 지속해서 추구해야 한다. 이에 따라 메타버스가 다양한 산업에서 활용될 기회를 더욱 확대한다면 사용자에게 긍정적인 경험과 가치를 제공할 수 있을 것이다.

ChatGPT 추천 요약본

가상세계와 현실의 융합 : 메타버스의 사회적 영향

메타버스는 가상과 현실이 융합된 세계로, 코로나19 팬데믹 이후 비대면 환경의 일상화로 관심이 급증했다. 특히 K-pop 같은 한류 콘텐츠와의 융합이 주목받았으며, 네이버 Z의 제페토 플랫폼이 이를 활용해 가상 공연을 진행했다. 메타버스는 엔터테인먼트뿐 아니라 교육, 의료 등 다양한 산업에서 활용되고 있으며, 가상현실^{VR}, 증강현실^{AR}, 인공지능^{AI} 등의 기술을 통해 새로운 소통과 협업을 가능하게 한다. 빅데이터 분석에 따르면 메타버스에 대한 관심은 2020년 후반부터 급증했으나 2022년 이후 감소했다. 메타버스는 블록체인이나 NFT와 결합해 새로운 디지털 생태계를 구축하며, 윤리적이고 법적인 가이드라인이 필요하다. 이를 통해 메타버스는 지속가능하고 사회적으로 수용될 수 있는 기술로 자리 잡을 수 있을 것이다.

2 빅데이터로 보는
버추얼휴먼의 의미 변화

코로나19의 장기화와 그 여파로 비대면 환경이 확산하면서 가상세계와 현실세계가 융합한 메타버스가 시대를 대표하는 트렌드로 떠올랐고, 관련 카테고리인 '가상인간Virtual Human, 이하 버추얼휴먼' 역시 주목받았다. 이러한 관심에 힘입어 버추얼휴먼이 실제 인간처럼 SNSSocial Network Service, 이하 소셜 네트워크 서비스에서 수많은 팔로워와 일상을 공유하고, 광고와 인터뷰, 그리고 소셜 네트워크 서비스를 활용한 라이브 방송을 통해 직접 소통하며, 미디어를 넘어 사회 전반에 걸쳐 영향력을 발휘했다.

비대면 환경의 일상화로 인해 메타버스 시대가 도래하면서 버추얼휴먼에 대한 관심도 증대되었고, 이는 학문적으로도 중요한 연구 대상으로 자리 잡았다. 버추얼휴먼에 대한 연구 초기에는 주로 공학적 측면에서 기술 발전과 관련하여 움직임, 시스템, 지각 능력 등이 중점적으로 다루어졌다. 그러나 버추얼휴먼 관련 연구는 점차 공학 이외의 다양한 분야로 확산하여 방송, 뷰티, 패션, 마케팅 등 여러 영역에서 메타버스와 연계된 논의가 활발히 이루어지고 있다.

이러한 버추얼휴먼은 실제 현존하는 인물이 아닌 정교한 컴퓨터그래픽을 활용해 3D 디지털로 구현된 인간이라 할 수 있다. 전 세계 버추얼휴먼 자료를 수집하는 'Virtual Humans(www.virtualhumans.org)'를 살펴보면, 우리나라에서 만들어진 버추얼휴먼은 이상적이고 다소 획일적인 미美를 지니고 있으며, 인간의 형태와 매우 유사한 로지(@rozy.gram), 래아(@reahkeem), 유아(@_hanyua), 루이(@ruuui_li), 루시(@here.me.lucy), 수아(@sua_to_z) 등이 존재한다. 즉, 국내 버추얼휴먼은 모공, 솜털, 눈의 핏줄까지 그대로 재현했기에 실제 인간과 매우 유사하고, 이상적인 얼굴과 모델 같은 신체 조건을 지녔다. 반면, 해외 버추얼휴먼은 얼굴에 주근깨가 가득한 릴 미켈라(@lilmiquela)뿐만 아니라 인간의 형태가 아닌 만화 캐릭터 같은 누누리(@noonoouri) 등이 존재한다. 즉, 해외 버추얼휴먼의 외형은 캐릭터화되었거나 각자만의 특색을 지닌 것을 확인할 수 있다.

다양한 기업들이 버추얼휴먼을 활용해 인스타그램Instagram, 유튜브Youtube, 틱톡TikTok 등의 소셜미디어Social Media에서 홍보 및 마케팅 활동을 하면서 버추얼 인플루언서Virtual Influencer, 버튜버VTuber, Virtual Yotuber, 버추얼 스트리머Virtual Streamer, 버추얼 BJVirtual BJ

등으로 활동할 뿐만 아니라 쇼호스트, 아이돌, 앰배서더^{ambassador} 등의 역할까지 확장했다.

    2021년 1월 세계 최대 국제전자제품박람회 CES 2021에서 LG전자가 개발한 버추얼휴먼 김래아를 소개해 전 세계적인 주목을 받았고, 2021년 7월 신한라이프 광고에 단독 모델로 등장한 국내 첫 버추얼 인플루언서 로지로 인해 버추얼휴먼이 대중에게 친숙해졌으며, 광고계의 블루칩으로 떠오르면서 버추얼휴먼에 대한 논의는 가속화되었다. 더불어 로지의 등장 이후 버추얼휴먼에 대한 관심이 폭발적으로 나타났고, 기존 버추얼휴먼이 재조명받거나 개발사의 목적에 따른 타이틀을 지닌 버추얼휴먼이 급속도로 기획 및 제작되었다.

    언론미디어에 나타난 버추얼휴먼 관련 기사에 대한 빅데이터를 분석한 연구에 따르면, 국내 언론에 나타난 버추얼휴먼의 사회적 의미는 코로나19 발생 전후로 기술의 발전과 미디어의 활용에 급격한 변화가 있다고 밝혔다. 코로나19 이전, 버추얼휴먼의 사회적 의미는 허구 또는 상상 속의 캐릭터로 영화, 드라마, 뮤지컬, 소설 속 가공의 인물로 표현되었고, 환상과 허구에 가까운 캐릭터로 의미화한 것에 가까웠다. 그러나 코로나19 발생 이후 버추얼휴먼의 사회적 의미는 한 사회의 구성원으로서 특정 역할을 가지고 활동하는 실제 인간 같은 존재로 표현되었다고 한다. 그리고 사회문화 현상을 반영하여 엔터테인먼트, 인스타그램, 유튜브 등의 소셜미디어, MZ세대 등과 연계하며 상당히 구체적으로 사회생활을 하는 인간 같은 의미를 형성하고 있음을 확인했다.

코로나19 발생 이후, 버추얼휴먼 관련 주요 이슈 중 하나는 '진짜'와 '가짜'에 대한 논의였다. 버추얼휴먼이 가짜 인간으로 인식될 경우, 사용자는 '불쾌한 골짜기uncanny valley' 현상을 겪으며 오히려 불쾌감을 느낄 수 있었다. 이를 방지하기 위해 버추얼휴먼을 기획 및 제작하는 기업들은 다양한 전략을 채택했다. 그중 하나는 사전 공개 방법인데, 소셜미디어에서 버추얼휴먼의 이미지만 먼저 공개하고, 팔로워를 확보한 후에 가상의 존재임을 밝히는 전략을 활용하는 것이다. 이러한 전략은 팔로워들이 이미 버추얼휴먼에 대한 호감을 형성한 후에 가상의 존재임을 알게 되어 불쾌감을 줄이고 긍정적인 반응을 끌어내는 데 효과적이다. 이와 같은 방식은 버추얼휴먼이 단순한 기술적 성과를 넘어 소셜미디어 같은 플랫폼에서 실질적으로 어떻게 받아들여지고 활용될 수 있는지를 보여주는 사례였다.

즉, 코로나19 팬데믹 이후 온라인과 디지털 기반 서비스가 강화되면서 비대면 플랫폼이 두각을 나타냈으며, 이 과정에서 버추얼휴먼에 대한 관심과 논의가 활발해졌다. 특히, 광고와 엔터테인먼트 분야에서 주목받았는데, 기업들은 버추얼휴먼을 실제 인간 모델과 함께 광고 캠페인에 활용하거나 각각의 특성에 맞춘 창의적인 스토리텔링을 시도했다. 이는 온라인과 오프라인 공간을 유기적으로 연결하며 소비자와의 상호작용을 증대하는 데 기여했고, 사람들이 버추얼휴먼을 자연스럽게 받아들일 수 있도록 도움을 주었다.

반면, 버추얼휴먼이 사회문화적 환경과 기술의 발전으로 다양한 산업 분야에서 중요한 역할을 하는 만큼 그와 동시에 윤리적·법적 문제와 사회적 인식 변화를 동반하기도 했다. 버추얼휴먼이 현실과의 상호작용에서 어떤 역할을 할 수 있는지, 그들이 미디어와 사회에 미치는 영향은 무엇인지에 대한 논의와 규제가 필요하다는 우려의 목소리가 나오기도 했다.

국내 버추얼휴먼은 대부분 외적인 아름다움을 강조하는 여성으로 구현되었다는 점이 다수 전문가의 우려를 자아냈다. 이는 버추얼휴먼을 소비하는 수용자층이 콘텐츠 소비자이자 직접 생산할 수 있는 디지털 네이티브인 'Z세대'로 이루어졌기 때문에 장기적인 관점에서 버추얼휴먼 관련 체계적인 정책적·제도적 지침이 필요했으며, 인간과 잘 어우러지기 위해서는 가상의 존재에 대한 신중한 접근이 필요한 시점이었다.

ChatGPT 추천 요약본

디지털 시대의 새로운 주인공: 버추얼휴먼의 부상과 사회적 영향

코로나19 팬데믹 이후 비대면 환경이 확산하면서 메타버스와 버추얼휴먼이 주목받고 있다. 버추얼휴먼은 가상인간으로서 SNS를 통해 활발히 활동하며 광고, 인터뷰, 라이브 방송 등을 통해 사회적 영향력을 행사하고 있다. 기술 발전에 따라 외형과 시스템에 대한 논의가 꾸준히 이루어지며, 국내외 버추얼휴먼의 형태와 활용 목적도 차이를 보인다. 이들은 다양한 산업에서 활용되며, 그동안의 사회적 의미는 기술 발전과 함께 급변했다. 하지만 버추얼휴먼이 야기하는 윤리적·법적 문제와 사회적 인식 변화에 대한 논의와 규제 필요성도 함께 부각되고 있다.

3 국내 최초 버추얼 인플루언서 로지의 등장으로 인한 변화

2021년 7월 국내 최초 버추얼 인플루언서Virtual Influencer 로지가 신한라이프 광고의 단독 모델로 등장하며 폭발적인 반응을 일으켰다. 로커스 엑스(구 싸이더스 스튜디오 엑스)는 MZ세대가 가장 선호하는 얼굴을 수집하여 동양적인 얼굴을 만들었고, 나이는 영원한 22세

로 설정된 로지라는 버추얼 인플루언서를 기획 및 제작했다.

버추얼 인플루언서는 기업 마케팅 등을 목적으로 만들어진 가상의 디지털 인물로, 기업은 이를 이용해 마치 실존하는 인물처럼 소셜미디어에서 팔로워들과 전략적으로 소통하고 있다. 가상의 디지털 인물이라 해도 최근에는 기술의 발달로 실제 인간과 구별되지 않을 정도로 실존 인물처럼 외관이 형성되어 있고, 인간과 상당히 유사하게 행동한다. 그리고 인간 인플루언서처럼 자신의 소셜미디어에 흥미로운 콘텐츠들을 업로드하여 공유하고, 많은 팔로워와 소통하며 영향력을 미쳤다. 소셜미디어에서 팔로워에게 영향을 미치는 인플루언서는 이미 마케팅 영역으로, 기술의 발달과 코로나19의 장기화 그리고 MZ세대의 등장으로 인해 버추얼 인플루언서라는 새로운 트렌드로 포착되었다.

버추얼 인플루언서는 실제 인간 인플루언서Influencer에서 비롯된 영향력 있는 개인을 의미하며, 페이스북, 인스타그램, 틱톡, 유튜브 등의 소셜미디어에서 영향력을 행사하고 있다. 이들은 디지털 네이티브인 MZ세대와 일상과 라이프스타일을 공유하고 소통하며, 가수, 배우 등과는 다른 새로운 형태의 오피니언 리더Opinion Leader로 떠올랐다.

인플루언서는 소셜미디어에서 팔로워와의 신뢰를 바탕으로 한 마케팅과 프로모션을 활발히 진행하면서 주목받기 시작했다. 인플루언서 기반 마케팅과 프로모션 등의 이벤트는 기술의 급격한 발전과 코로나19의 장기화로 버추얼 인플루언서 기반으로 대체되었다. 실제 인간 인플루언서들은 소비자의 인식과 구매에 큰 영향을 미치기에 업계에서는 인플루언서를 이용한 마케팅 활동이 늘어나는 추세를 보였다. 그러나 실제 인간 인플루언서 마케팅이 활발해짐과 동시에 스캔들, 허위 광고 등 각종 논란도 자주 일어났다. 반면, 버추얼 인플루언서는 가상세계에서 활동하기에 스캔들에 대한 부담이 없고, 비용적 측면에서도 인간 인플루언서보다 효율적이라고 알려지면서 버추얼 인플루언서 마케팅이 확대되었다.

버추얼 인플루언서의 외적인 모습이 기술 발전으로 더욱 정교해지고, 실존하는 인물처럼 현실감 넘치는 일상생활과 다양한 활동으로 소비자의 관심을 끌었다. 즉, 버추얼 인플루언서의 등장으로 인해 실제 인간 인플루언서 기반 마케팅과 관련하여 다양한 변화가 일어났다. 컴퓨터그래픽을 이용하여 제작된 인간과 유사한 모습의 캐릭터로 실제 인간 인플루언서의 행동을 모방하는 버추얼 인플루언서는 2016년 릴 미켈라Lil Miquela를 시작으로 새로운 마케팅 전략으로 부상하기 시작했다고 알려져 있다.

영국의 마케팅 대행사 마인드쉐어Mindshare UK가 발표한 자료에 따르면, 영국의 18~24세 젊은 소비층의 70% 이상은 가상의 존재에 대해 '참신하고', '재미있고', '매력적'으로 인식한다고 밝혔다. 이에 대해 이노션 인사이트 전략팀은 이러한 인식이 버추얼 인플루언서가 대중에게 인기를 얻는 이유이자, 기업으로서 새로운 마케팅 수단으로 인식하기 시작한 이유라고 언급했다. 이러한 현상들을 반영하여 일부 브랜드에서 개인 또는 특정 업체에서 개발한 버추얼 인플루언서들을 홍보대사 또는 패션 같은 특정 제품의 마케팅 용도로 활용했고, 자사의 브랜드와 가장 잘 맞는 콘텐츠와 캐릭터 설정을 고려하여 이미 많은 팔로워를 지닌 버추얼 인플루언서를 활용했다.

국내외 버추얼 인플루언서의 주요 사례와 특징을 살펴보면 다음과 같다. 먼저 국외 버추얼 인플루언서를 살펴보면, 대표적으로 릴 미켈라(@lilmiquela)를 꼽을 수 있다. 앞서 언급했듯이 그녀는 브라질계 미국인으로 세계적으로 가장 성공한 버추얼 인플루언서이며 LA에 살고, 19세 팝가수라는 세계관을 형성하고 있다. 2022년 기준으로 인스타 팔로워 276만 9천 명(2024년 7월 기준 258만 명) 이상, 프라다Prada, 디올Dior, 캘빈클라인Calvin Klein 등과 같은 최고의 패션 브랜드 모델로 활동했다. 그녀는 또한 2017년 싱글 앨범 〈Not Mine〉을 발표했고, 2018년 시사주간지 〈타임〉이 선정한 '인터넷에서 가장 영향력 있는 25인'에 방탄소년단 등과 함께 뽑히기도 했다.

바비(@barbie)와 구기몽(@guggimon)은 인형이나 애니메이션 형태의 외형을 지닌 버추얼 인플루언서다. 녹스 프로스트Knox Frost는 가장 유명한 남성 버추얼 인플루언서로 알려져 있으며, 21세이고 미국 애틀랜타 출신으로, 2020년 코로나19가 확산하자 세계보건기구WHO는 젊은이들에게 코로나의 위험성을 알리는 캠페인을 그에게 맡기기도 했다.

패션계에서 주목받는 버추얼 인플루언서 슈두(@shudu.gram)는 2017년 등장한 아프리카계 모델로, '세계 최초의 버추얼 슈퍼모델'이라는 별칭이 있다. 영국의 사진작가 캐머런 제임스 윌슨Cameron-James Wilson이 실제 모델로 패션사진 찍는 데 더 이상 매력을 느끼지 못하겠다는 선언과 함께 기획 및 제작한 것이 바로 슈두다. 분홍색 단발머리가 특징인 버추얼 인플루언서 이마(@imma.gram)는 일본 최초의 버추얼 인플루언서로 2018년 7월에 처음 등장했고, 이케아 브랜드 모델로 기용돼 이목을 끌었다.

또한 앞서 언급한 릴 미켈라를 제작한 미국의 신생 기업 브러드Burd는 사치스러운 백인 여성 버뮤다(@bermudaisbae)와 매력적인 남성 블라코(@blawko22)라는 버추얼 인플루언서를 기획 및 제작했다. 미국 전 대통령 트럼프를 지지하는 성향의 버뮤다가 릴 미켈라의 인스타그램 계정을 해킹하기도 하고, 또 둘이 화해했다면서 같이 찍은 사진을 올리는 등의 이슈와 이벤트 등을 지속해서 생산하며 화제를 모았다. 또한 버뮤다와 블라코는 연인 사이로 설정하여 둘이 연애와 결별을 반복하는 행위를 피드Feed에 올리면서 스토리를 만들어내기도 했다.

이처럼 연예인도 유명세가 다르듯, 버추얼 인플루언서도 각 버추얼 인플루언서가 지닌 캐릭터와 스토리 그리고 세계관까지 갖추고 있다. 그리고 탄생 초기에는 유명했지만 사라지거나 인기가 없어진 버추얼 인플루언서도 있고, 등장한 지 몇 년 지나도록 별 주목을 못 받는 무명들도 존재했다.

국내 버추얼 인플루언서의 특징을 살펴보면 다음과 같다. 국내에서 버추얼 인플루언서를 핫하게 만든 인물이자, 국내 최초 버추얼 인플루언서로서 큰 인기를 끌었던 로지(@rozy.gram)의 풀네임은 '오로지'로 오직 한 사람이라는 뜻을 지녔다. 로지의 나이는 영원한 22세, 생일은 8월 19일, 키는 171cm, 몸무게는 52kg, 신발 사이즈는 250mm, MBTI는 ENFP로 재기발랄한 활동가 유형이며, 실제 성격은 자유분방하고 사교적이라는 상세한 캐릭터 설정과 세계관을 형성하고 있다. 그녀의 관심사는 세계여행, 요가, 에코라이프, 패션 등이며, 인스타 팔로워는 약 17만 명(2024년 기준) 이상이다. 로지가 갖춘 캐릭터, 스토리텔링 등은 로지를 기획하고 제작한 로커스 엑스가 설정했으며, 이러한 세계관 또는 캐릭터 설정은 그녀를 '진짜 사람'과 유사하게 인식하도록 해주었다. 그리고 로지는 세계 최초 버추얼 슈퍼모델인 슈두와 협업할 만큼 인스타그램 등 소셜미디어에서 영향력 있는 버추얼 인플루언서로 활동하기도 했다. 그뿐만 아니라 2021년 7월 신한라이프는 로지를 단독 모델로 기용했는데, 신한라이프 광고가 송출된 이후 버추얼휴먼임을 밝혀 이목을 끌었다. 고객과의 신뢰가 중요한 보험사들은 그동안 평판이 좋고 안정적인 인물을 광고모델로 기용했는데, 신한라이프는 이러한 고정관념을 깨고 로지라는 버추얼휴먼을 단독 모델로 삼아 대중에게 참신하고 신선하다는 반응을 얻었다.

 LG전자도 2021년 1월 세계 최대 국제전자제품박람회인 CES 2021에서 버추얼휴먼 래아(@reahkeem)를 선보여 큰 주목을 받았다. 그녀는 버추얼휴먼이지만 실제 인간과 이질감이 없는 외형과 유창한 영어 실력으로 LG 제품을 소개했다. LG전자가 만든 버추얼휴먼 김래아는 '미래에서 온 아이'라는 뜻을 지니고 있으며, 방부제 나이 23세, 직업은 대학생, 소셜미디어에서 작곡 활동하는 인플루언서, 싱어송라이터 겸 DJ라는 세계관 및 스토리를 지녔다. 고향은 서울이고, 맛집이나 명소에 가서 셀카도 올리면서 팬들과 적극적으로 소통한다는 점에서 대중의 관심을 받았다.

 루이(@ruuui_li)는 스타트업 회사 디오비 스튜디오에서 개발한 버추얼 유튜버이자 인플루언서다. 디오비 스튜디오는 목소리와 동작을 실제 특정 인물을 바탕으로 하되 얼굴만 가상의 이목구비를 조합해 세상에 없는 가상인물을 창조했다. 루이는 22세이고, 자체 운영하는 유튜브 채널 '루이커버리(@RuiCovery)'가 존재하며, 이 채널을 통해 합성이라고 믿기 어려운 위화감 없는 모습과 탁월한 노래 실력으로 화제가 되었다.

한유아(@_hanyua)는 스마일게이트가 자체 개발한 가상현실 게임 〈포커스온유Focus on You〉 캐릭터였다. 게임 캐릭터 한유아는 자이언트 스텝의 인공지능 기반 버추얼휴먼 솔루션과 리얼타임 엔진 기술 기반 실시간 콘텐츠 솔루션을 만나 실제 사람 같은 모습을 갖췄으며, 2021년 8월부터 공식적인 소셜미디어 활동을 시작으로 버추얼 가수로 활동했다.

2021년 버추얼 인플루언서가 실제 인간 인플루언서처럼 소셜미디어에서 수많은 팔로워와 일상을 공유하고, 광고와 인터뷰, 그리고 소셜미디어를 활용한 라이브 방송을 통해 직접 소통하며, 미디어를 통해 막강한 영향력을 발휘했다. 특히, 가상이라는 존재에 대해 신선함과 안정성 측면에서 관리하기 쉽기에 업계의 관심을 받았다.

그렇다면, 국내 최초 버추얼 인플루언서 로지의 등장은 어떤 의미가 있었을까? 빅데이터 분석을 활용해 미디어에 나타난 버추얼휴먼에 대한 이슈를 분석한 연구에 따르면, 로지 같은 버추얼 인플루언서의 등장은 버추얼휴먼에 대한 미디어의 접근 방식에 현저한 변화를 불러왔다고 밝혔다.

> **로지의 등장**(2021년 7월 1일) **전후 미디어에 나타난 '버추얼휴먼' 관련 사회적 인식 변화**[2]
> - 로지 등장 이전: 기계와 기술 및 IT 관점에서 이슈화
> - 로지 등장 이후: 광고와 브랜드 및 모델 등 마케팅 관점에서 이슈화

로지의 등장 이전 버추얼휴먼에 대한 미디어 콘텐츠는 주로 기술적인 면에서 다뤄졌는데, 이는 미디어에 나타난 버추얼휴먼을 단순히 새로운 기술적 형태나 IT 관점으로 간주했다는 것을 의미한다. 반면, 국내 최초 버추얼 인플루언서 로지의 등장 이후 미디어의 접근 방식은 광고모델, 정보원, 브랜드 등의 마케팅 관점으로 빠르게 이동했는데, 이는 버추얼휴먼을 기반으로 한 버추얼 인플루언서들이 브랜드와의 협업을 통해 제품이나 서비스를 직접 홍보하는 광고모델, 정보원 등의 역할로 변화했음을 의미한다.

버추얼 인플루언서는 전통적인 실제 인간 인플루언서와 마찬가지로 소비자에게 상당한 영향력을 발휘하며, 디지털 마케팅 전략에서 핵심적인 요소로 자리 잡아가고 있음을 확인할 수 있었다. 즉, 로지 같은 버추얼 인플루언서의 등장은 디지털 미디어와 마케팅 산업에 새로운 시각과 기회를 제공했으며, 버추얼휴먼에 대한 관점이 단순히 기술적인 측면을 넘어서 마케팅 전략과 소비자 행동 변화를 이해하는 데 중요한 시각을 제공했음을 시사했다. 2021년은 버추얼 인플루언서 로지로 인한 인식 변화로 버추얼휴먼이 단순히 기술적 형태를 넘어서 사회적 영향력을 행사하는 주요한 채널로 인식되기 시작한 시점이었다.

더불어 다수의 전문가는 광고모델, 정보원 등 마케팅 측면에서 버추얼 인플루언서는 '가짜 인간'이라는 인식이 나타날 수 있으며, 거부감과 불쾌감으로 이어질 수 있다고 주장했다. 이러한 결과는 인간이 인간과 닮은 로봇 등을 볼 때, 일정 수준에 다다르면 오히려 거부감이나 불쾌감을 느낀다는 '불쾌한 골짜기' 현상과 궤를 같이한다고 볼 수 있는데, 기술이 발전하여 버추얼휴먼의 외형이 거의 인간에 가까워졌으나, 그들에게 이상함, 거부감 같은 불쾌감을 느꼈을 것으로 예측해볼 수 있다. 또한 광고모델, 정보원 등 마케팅 측면에서 버추얼 인플루언서에게 느끼는 대중의 불쾌함은 실제 인간 광고모델, 정보원만이 전달할 수 있는 진정성이라는 가치 측면에서 부정적인 인식이 강해졌기 때문에 발생했다고도 볼 수 있다. 실제 인간 인플루언서들에게 중요한 것이 팔로워들과 신뢰를 쌓아 진정성 있게 제품을 홍보하고 소통하는 것인데, 소비자는 버추얼 인플루언서에 대한 메커니즘을 인식하고 있어서 진정성에 대한 문제가 제기되기도 했다.

이에 대해 전문가들은 마케팅 측면에서 버추얼휴먼을 기반으로 한 버추얼 인플루언서를 잘 활용하기 위해서는 '가짜'라는 인식을 완화할 수 있도록 지속적인 관리가 필요하다고 주장했다. 2021년 당시 버추얼 인플루언서 개발사들은 인간보다 더 인간다운 인격체로 보이게 하고, 인간에게 친숙한 이미지로 다가가기 위해 MZ세대의 취향과 관심사를 반영한 외형과 지향하는 가치관을 투영한 세계관과 페르소나를 구축하여 공개하기도 했다. 해외 버추얼 인플루언서의 경우, 각 버추얼 인플루언서들이 지닌 스토리텔링을 강화하고,

실제 인간 같은 행위 및 친숙함을 유지하여 진정성을 높일 수 있는 전략을 활용하기도 했다.

일례로, 브러드에서 제작된 릴 미켈라, 버뮤다, 블라코 중 여성 버추얼 인플루언서인 릴 미켈라와 버뮤다는 친구이자 경쟁 상대로 싸우기도 하고 화해하기도 하는 스토리를 만들어냈으며, 관련 사건을 꾸준히 각자의 인스타그램에 게시했다. 그리고 버뮤다와 남성 버추얼 인플루언서 블라코는 연인 사이로 결별과 만남을 반복하면서 자신들의 소셜미디어에 업로드했다.

버추얼휴먼과 관련하여 버추얼 인플루언서 로지의 등장 이후 발생한 내용을 사회문화적 측면에서 정리하면 다음과 같다. 먼저, 미디어 측면에서 버추얼 인플루언서는 실재하지 않지만, 가상 캐릭터로 사람들과 소통했다. 이들은 기존의 콘텐츠 제작 방식을 변화시키고 새로운 수익 모델을 시도할 가능성을 제시했다. 즉, 가상현실과 증강현실, 인공지능, 메타버스 등의 기술을 접목한 다양한 콘텐츠의 가능성을 제시했고, 미디어 산업의 차별화와 다양성을 증가시키며, 대중에게 새로운 시각과 경험을 제공했다.

둘째, 디지털 마케팅의 진화에서 버추얼 인플루언서는 기업들에 새로운 마케팅 전략의 핵심 요소로 작용했다. 전통적인 인간 인플루언서보다 더욱더 재미있고 독창적인 접근법을 제공함으로써 소비자에게 영향력을 발휘하고자 했다. 이는 기업들이 브랜드 인식을 높이고 제품 또는 서비스를 효과적으로 홍보하는 데 새로운 방법을 제시했다고 볼 수 있다.

셋째, 다양성과 창의성 측면에서 버추얼 인플루언서는 현실에서는 어려움이 있는 다양한 배경과 관점을 가진 사람들에게 기회를 제공했다. 이는 가상 캐릭터를 통해 다양한 스토리와 세계관을 지닌 콘텐츠를 제작하고 공유함으로써 창의성을 증진했으며, 수용자에게 새로운 경험을 선사했다.

넷째, 현실과 가상세계의 경계가 모호한 버추얼 인플루언서는 실제세계와 가상세계 간의 상호작용을 촉진했다. 이는 가상현실, 증강현실, 인공지능 등 첨단 기술에 대한 사람들의 관심을 더욱 증대시켰고, 새로운 디지털 경험을 탐구하게 했다. 또한, 인간과 기술 간의 경계가 점점 더 모호해지면서 포스트 휴먼 시대의 진입을 촉발하는 계기가 되었다.

종합하면, 버추얼 인플루언서의 등장은 미디어와 마케팅 산업에 창의적인 변화를 가져왔다. 이들은 가상 캐릭터로서 콘텐츠를 제작하며, 기존 방식을 넘어 창의성과 개인화된 마케팅을 가능하게 했다. 또한 인간과 기술의 경계를 모호하게 하며, 디지털 콘텐츠에 대한 소비자의 호기심을 자극했다.

ChatGPT 추천 요약본

가상세계의 현실: 버추얼 인플루언서와 디지털 마케팅의 새로운 지평

버추얼 인플루언서 로지는 2021년 7월 신한라이프 광고의 단독 모델로 큰 주목을 받았다. 이는 국내 최초로 버추얼 인플루언서가 기업의 광고 모델로 활용된 사례였으며, MZ세대를 대상으로 인기를 끌었다. 로지는 기술적 발전을 통해 실존하는 인물과 구별할 수 없는 외관을 가지고 행동하며, 소셜미디어를 통해 팔로워들과 소통하며 영향력을 발휘한다. 실제 인간 인플루언서와 유사한 마케팅 전략을 통해 브랜드와의 협업을 진행하며, 이는 디지털 마케팅 전략에 새로운 시각을 제공한다.

4 미디어에 나타난 버추얼휴먼에 대한 인식과 감성 변화

오늘날 소셜미디어는 사람들에게 단순히 여가를 보내는 수단을 넘어 기업의 마케팅 활동을 위한 적극적인 도구로도 활용되고 있기에 수천에서 수백만 명까지 팔로워follower를 보유하고 있는 인플루언서를 활용한 인플루언서 마케팅Influencer Marketing이 주목받고 있다. 이러한 인플루언서 마케팅은 소셜미디어를 기반으로 개인이 대중적인 인기를 얻는 구조가 가능해지면서 인플루언서라는 개념이 확장되었다.

인플루언서는 일반적으로 미디어에서 대중에게 영향력을 갖는 사람으로, 다양한 소셜미디어를 활용해 포스팅 활동으로 이익을 내고 수익화하고자 하는 전문적인 주체로서의 의미를 내포하고 있다. 또한 인플루언서는 대중에게 메시지를 전달하고 의사결정에 영향을 미치는 새로운 유형의 오피니언 리더로서 광고나 마케팅 분야에 적극적으로 활용되고 있으며, 인플루언서를 활용한 마케팅 시장은 빠르게 확장되고 있다. 나아가 코로나19의 환경적 요인과 기술의 발전으로 새로운 유형의 버추얼 인플루언서가 등장했고, 컴퓨터

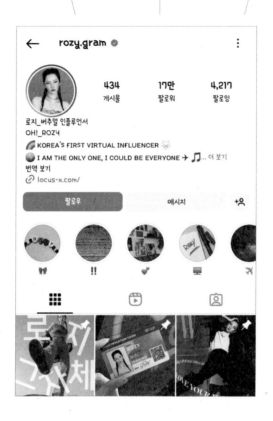

그래픽으로 만든 아바타가 소셜미디어에 등장하여 인기를 얻고 수
많은 팔로워를 보유하게 되면서 대중에게 영향력을 행사하는 존재
로 발전했다.

　세계적으로 유명한 릴 미켈라와 국내에서 선보인 로지 등과 같
은 버추얼 인플루언서는 기술의 고도화로 사람의 외관에 행동도 어
색함이 없을 만큼 자연스러웠다. SK텔레콤 광고모델로 발탁되었
던 나수아SUA는 걸그룹 아이브IVE 멤버 장원영과 함께 등장했고, 실
시간 상호작용이 가능하도록 인공지능 음성 기술까지 적용되어 가

상 아바타지만 사람에 가까운 엔터테이너로서의 가능성을 보여주었다. 이러한 버추얼 인플루언서의 엔터테이너로서의 가능성은 팬덤을 형성하기도 했으며, 그들이 창출하고 있는 경제적 가치 등은 긍정적인 효과를 창출할 것이라는 전망이 쏟아지기도 했다. 더불어 다수의 보고서에서 버추얼 인플루언서 시장은 2030년까지 5,270억 달러(약 676조 원)로 성장할 것으로 예측했다.

그렇다면, 지속해서 성장 가능성을 비치고 있는 버추얼 인플루언서로 인해 사회적 그리고 대중의 인식에 감성적인 변화가 일어났을까? 미디어에 나타난 버추얼휴먼 관련 감성분석을 한 연구에 따르면, 언론미디어와 소셜미디어 모두 버추얼휴먼 관련 이슈에 긍정적인 감성이 강하게 나타났으며, 언론미디어가 소셜미디어보다 긍정적인 감성이 다소 높은 것으로 나타났다.

상세히 살펴보면, 언론미디어에 나타난 버추얼휴먼 관련 이슈는 로지의 등장 이전 IT 및 기술, 제품 관점이 강하게 나타났으며, 이에 대한 긍정적인 경향을 보였다. 그러나 로지의 등장 이후 광고 모델, 마케팅 측면에서 나온 버추얼휴먼 관련 기사는 긍정적인 경향이 다소 감소하고, 중립적인 경향과 부정적인 경향이 다소 높아진 것을 확인할 수 있었다. 반면, 소셜미디어에 나타난 버추얼휴먼 관련 감성분석 결과, 버추얼 인플루언서 로지 등장 이후로 긍정적·중립적인 경향이 다소 높아지고, 부정적인 경향이 낮아진 것을 확인할 수 있었다.

이처럼 버추얼 인플루언서의 등장은 언론미디어와 소셜미디어 모두에 큰 영향을 미쳤으며, 각 매체에서 버추얼휴먼에 대한 인

로지의 등장(2021년 7월 1일) 전후 언론미디어와 소셜미디어에 나타난 버추 얼휴먼에 대한 인식 및 평판 추이는?[3]

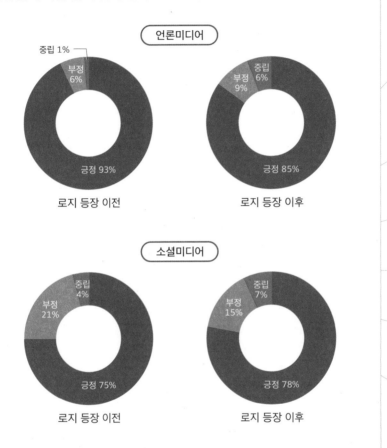

식과 감정의 변화를 일으켰다. 이러한 변화를 통해 버추얼 인플루 언서가 광고와 마케팅 분야에서 중요한 역할을 수행할 수 있음을 확인했다.

언론미디어에서는 로지의 등장 전후로 버추얼휴먼에 대한 인식이 IT 및 기술 관점에서 마케팅과 광고모델 측면으로 변화했다. 초기에는 기술적 성과와 가능성에 대한 긍정적인 평가가 주를 이루었으나, 로지의 등장 이후에는 광고모델로서의 버추얼휴먼에 대한 평가가 중립적이고 부정적인 경향을 보이는 등 다소 복합적인 반응을 나타냈다. 이는 언론이 버추얼휴먼의 상업적 활용에 대해 좀 더 신중한 시각을 가지게 되었음을 시사한다.

반면, 소셜미디어에서는 로지 등장 이후 버추얼휴먼에 대한 긍정적인 인식이 증가하고 부정적인 경향이 감소하는 모습을 보였다. 이는 소셜미디어 사용자가 버추얼 인플루언서의 새로운 가능성을 긍정적으로 평가하고, 그들을 매력적인 콘텐츠 창출자로 수용하고 있음을 나타낸다고 볼 수 있다. 소셜미디어는 창의성과 다양성을 중시하며, 버추얼휴먼의 새롭고 참신한 측면을 강조하는 경향이 강하게 나타났다.

결론적으로, 버추얼 인플루언서를 광고모델로서 효과적으로 활용하기 위해서는 각 매체의 특성과 사용자의 기대를 충분히 이해하고 반영할 필요가 있다. 언론미디어에서는 버추얼 인플루언서의 진정성과 신뢰성을 강조하는 전략이 필요하며, 소셜미디어에서는 그들의 창의성과 새로운 가치를 부각하는 것이 중요하다. 또한, 지속적으로 사용자의 관심을 끌고 유지할 수 있는 새로운 접근과 방법을 모색할 필요가 있다. 이러한 노력을 통해 버추얼 인플루언서는 더욱 넓은 영역에서 긍정적인 영향을 미칠 수 있을 것이다.

ChatGPT 추천 요약본

버추얼 인플루언서: 미디어의 새로운 얼굴, 사회적 감성의 변화를 이끄는 주역

버추얼 인플루언서는 현대 소셜미디어에서 중요한 역할을 하며, 인플루언서 마케팅을 통해 기업의 마케팅 전략에 크게 기여하고 있다. 이들은 소셜미디어를 통해 수많은 팔로워를 모으며 광고와 마케팅 활동을 통해 수익을 창출하는 전문적인 오피니언 리더로 자리 잡고 있다. 버추얼 인플루언서는 기술 발전과 코로나19의 영향으로 등장하게 되었으며, 그들의 인기는 가상 형태임에도 실제 인물과 유사한 수준까지 발전했다. 이들의 등장은 언론과 소셜미디어에서 긍정적인 감성을 일으키며, 광고모델로서의 상업적 활용 가능성을 시사한다. 언론과 소셜미디어 모두에서 버추얼휴먼에 대한 인식과 감정의 변화가 일어나고 있으며, 이를 통해 버추얼 인플루언서는 다양한 분야에서 긍정적인 영향력을 미칠 수 있을 것으로 기대된다.

5 버추얼 인플루언서 마케팅

　　소셜미디어의 등장 및 발전은 인플루언서라는 새로운 유형의 오피니언 리더를 태동시켰다. 인플루언서는 즉각적이고 직접적인 피드백이 가능한 소셜미디어를 기반으로 다수와 소통하고 유대감을 형성하며, 소비자의 의사결정 등에 영향을 미치는 존재로 주목받았고, 이에 사회·경제·문화 등 다양한 영역에서 중요한 정보원으로 인정받고 있다.

　　최근에는 광고·마케팅 분야에서 인플루언서의 영향력이 실재 인간 인플루언서에서 디지털 기술에 기반한 버추얼 인플루언서로 옮겨가는 흐름이 목격되고 있다. 가상 에이전트의 의인화된 표현,

특히 시각적으로 매력적인 표현이 인간의 사회적 반응과 행동 변화를 끌어낸다는 점에서 이러한 버추얼 인플루언서는 특히 흥미로운 존재로 제시된다.

소비자 역시 버추얼 인플루언서를 정보원으로서 받아들이는 징후들이 확인되고 있다. 언론과 소셜미디어의 버추얼 인플루언서 연관어들을 분석한 연구에 따르면, 이전에는 관련 기사, 피드 등의 콘텐츠가 IT 기술 및 제품 관점으로 표현되는 경향이 강했지만, 시간이 지날수록 버추얼 인플루언서와 관련한 연관어들로 모델, 광고 등이 더욱 빈번하게 등장한다는 것을 확인했다. 또한 마케팅 측면에서 버추얼 인플루언서 관련 연구는 광고 태도나 광고 효과, 구매 의도 등에 미치는 영향을 검증했다.

버추얼 인플루언서는 신체적 특성 면에서 인간과 유사하지만, 인간 인플루언서와 달리 기업 혹은 제조자에게 위해를 가하는 발언이나 행동을 하지 않는 장점이 있다. 또한 기업 또는 브랜드 측면에서는 목표 소비자에게 효과적으로 어필할 수 있는 자사만의 버추얼 인플루언서를 기획 및 제작하여 제품을 홍보함으로써 마케팅 비용을 절감할 수 있다.

이러한 분석 결과들은 기업과 소비자 사이에서 광고모델로서 버추얼 인플루언서의 영향력을 방증하며, 버추얼 인플루언서 커뮤니케이션 효과에 대한 구체적 논의의 시작점이 된다. 현재 다양한 요인에 의해 마케팅 관점에서의 버추얼 인플루언서는 "컴퓨터그래픽을 기반으로 창조된 가상인물로 기업이 상업적 목적으로 활용하여 인스타그램이나 유튜브 등 소셜미디어에서 팔로워들과 전략적

인간 인플루언서 & 버추얼 인플루언서의 특징

특성	개념
매력성	- (버추얼) 인플루언서가 매력적이고, 호감이 가거나 좋게 느껴지는 것 - (버추얼) 인플루언서에 대해 긍정적으로 지각하는 직관적 평가와 믿음
신뢰성	- (버추얼) 인플루언서의 정보를 믿고 수용하고자 하는 것
전문성	- (버추얼) 인플루언서가 전문적인 정보를 주장할 능력이 있음 - (버추얼) 인플루언서의 팔로워 수와 콘텐츠에 대한 품질, 정보 수준, 댓글 등의 종합적인 상황으로 판단되며, 신뢰도를 높이는 중요한 특성 - 버추얼 인플루언서를 관리하는 제작자에 대한 전문성
호기심	- (버추얼) 인플루언서에 대한 관심 및 새로운 정보와 경험을 얻고자 하는 태도
유사성	- (버추얼) 인플루언서가 실제 인간과 유사한 정도 - (버추얼) 인플루언서와 자신이 유사하다고 지각하는 정도로, 자신과 비슷하다고 느끼는 사람에게 매력을 느끼게 되는 특성
친밀성	- (버추얼) 인플루언서에 대해 느끼는 편안함이나 친근함
진정성	- (버추얼) 인플루언서가 내면의 생각 및 태도에 일치하는 방향의 메시지를 전달한다고 지각하는 정도
상업성	- (버추얼) 인플루언서의 활동이 상업적인 의도가 강하다는 것
상호작용성	- (버추얼) 인플루언서가 소비자와의 유대관계를 위해 상호 소통할 수 있음
자아일치성	- 소비자의 자아 이미지와 (버추얼) 인플루언서의 이미지 간에 일치성이 있음

버추얼 인플루언서만의 특징

특성	개념
사회적 실재감	- 버추얼 인플루언서에 대해 실제 인간과 같이 반응하고 상호작용하는 정도
초월성	- 버추얼 인플루언서는 시간이나 공간의 제약 없이 언제 어디서나 활용할 수 있음
맞춤성	- 버추얼 인플루언서는 인간이 원하고 바라는 대로 만들고 꾸밀 수 있음
안정성	- 버추얼 인플루언서는 음주운전이나 마약, 스캔들 등 개인의 사생활 논란의 여지 없이 일정한 상태를 유지할 수 있음

으로 소통함으로써 이들에게 제품 이미지 및 소비자 태도와 행동에 영향력을 행사하는 존재"라고 정의할 수 있다.

일반적으로 다른 사람들에게 영향을 미칠 수 있는 인플루언서가 되려면 수용자에게 충분히 어필할 만한 콘텐츠를 제공해야 한다. 버추얼 인플루언서도 이러한 목적을 가진 소통자이기 때문에 정보원으로서 갖는 특성은 매우 중요하다. 버추얼 인플루언서 마케팅 관련 연구를 살펴보면, 광고 설득 효과를 높이기 위한 버추얼 인플루언서의 대부분 특성이 정보원의 역할을 하는 전통적 광고모델이나 실제 인간 인플루언서에서 비롯했다. 다수의 연구에서 버추얼 인플루언서의 특성은 매력성, 신뢰성, 전문성, 호기심, 유사성, 친밀성, 상호작용성, 자아일치성 등으로 언급하고 있으며, 이는 실제 인간 인플루언서의 특성이기도 하다. 나아가 버추얼 인플루언서는 가상의 인물이기 때문에 그들만이 지닌 특성으로는 사회적 실재감,

초월성, 맞춤성, 안정성 등을 들 수 있다.

　버추얼 인플루언서가 컴퓨터그래픽으로 제작된 이미지라는 점에서 느껴지는 이질감으로 인해 '불쾌한 골짜기' 같은 부정적 감정을 촉발하는 특성도 존재한다. 그러한 특성으로 불쾌함, 진정성, 거부감, 상업성 등이 있다. 버추얼 인플루언서에 대한 완벽한 관리와 통제가 오히려 제작자의 상업성을 부각하고, 부정적인 태도로 이어질 수 있다. 그리고 버추얼 인플루언서는 컴퓨터그래픽으로 인위적으로 만들어졌기 때문에 실제 인간 인플루언서에게는 상당히 중요한 특성인 진정성이 적합하지 않다고 보는 견해가 있어 버추얼 인플루언서에게는 '진정성 결여'라는 특성을 부여하여 진행한 연구도 존재한다.

　또한 다수의 전문가는 디지털 네이티브인 MZ세대[4]가 버추얼 인플루언서에 대한 진입장벽이 낮고, 접근이 용이하다고 밝혔다. 특히 Z세대Generation Z[5]는 기성세대보다 버추얼 인플루언서와 친숙하고, 이들이 인플루언서 마케팅의 핵심 소비자로 성장하고 있어 그 영향력이 점점 커질 것으로 예측했다. 버추얼 인플루언서는 물리적 존재가 아니지만 디지털 캐릭터와 스토리텔링을 통해 강력한 영향력을 발휘하고 있으며, 플랫폼의 알고리즘과 데이터 분석을 통해 정교하게 타기팅Targeting되어 Z세대의 관심을 사로잡고, 브랜드와의 파트너십을 통해 새로운 제품을 소개하기도 한다.

　몇 가지 사례를 살펴보면 다음과 같다. 버추얼 인플루언서는 최신 기술 제품의 광고모델 혹은 정보원으로 이상적일 것이라 예측했다. 왜냐하면 버추얼 인플루언서는 첨단 기술의 산물이라는 인식이 있으므로 전자제품이나 기술 관련 제품과 자연스럽게 어울리며, 디지털 환경에서 활동하는 이들의 특성은 최신 기술 트렌드를 반영한 제품들에 적합하다고 판단했다. 일례로, LG는 자사의 노트북 광고 캠페인에 버추얼 모델 '엘라'를 활용했다. 스마트폰, 노트북, 웨어러블 기기 등 최신 기술 제품은 디지털 환경과 조화를 이루며, 버추얼 인플루언서가 제품을 소개함으로써 젊은 소비자에게 친근하게 다가갈 수 있었다.

다음으로 버추얼 인플루언서는 독특한 스타일과 외모로 패션과 뷰티 제품에 자주 활용되었다. 이들은 최신 트렌드를 반영하고 소비자가 원하는 이미지를 정확하게 구현할 수 있는 능력을 지니고 있는데, 패션 브랜드의 경우 시각적으로 강렬한 이미지를 주는 버추얼 인플루언서를 통해 소비자에게 신제품을 효과적으로 알릴 수 있기 때문이다. 전문가들은 버추얼 인플루언서는 자신만의 독특한 매력으로 다양한 스타일을 표현할 수 있어 패션과 뷰티 산업에 이상적이라고 판단했다.

일부 버추얼 인플루언서는 윤리적 소비와 환경보호를 강조하는 캐릭터를 가지고 있는데, 이러한 특성은 친환경 제품이나 윤리적 브랜드와 잘 어울렸다. 일례로, 국내 첫 버추얼 인플루언서 로지는 환경 문제에 관심이 많아 '노№ 플라스틱 챌린지' 같은 캠페인에 참여했고, 이는 친환경 제품의 홍보에 신뢰성과 일관성을 더해주었다.

버추얼 인플루언서는 식음료 제품 소개에도 활용되었다. 새로운 이미지나 신제품을 홍보하는 데 있어 버추얼 인플루언서는 독특한 방식으로 브랜드의 메시지를 전달할 수 있었기 때문이다. KFC 는 자사의 마스코트인 커넬 샌더스Colonel Sanders를 버추얼 인플루언서로 만들어 광고에 활용한 사례가 있는데, 이러한 접근 방식은 소비자에게 참신함과 신선한 인상을 줄 수 있었다.

학계에서는 버추얼 인플루언서의 광고 설득 효과를 높이고자 제품 유형[6]을 실용재와 쾌락재로 구분하여 영향력을 검증했다. 연구 결과, 실제 인간 인플루언서와 버추얼 인플루언서 간 실용재에서는 광고 설득 효과의 차이가 없었고, 쾌락재에서는 실제 인간 인플루언서가 버추얼 인플루언서에 비해 광고 설득 효과가 높게 나타났다고 밝혔다. 이에 따라 광고 설득 효과 측면에서만 보면 실제 인간 인플루언서를 광고모델로 기용하는 것이 더 안전하고 효과적인 대안이라 언급했다. 결과적으로 버추얼 인플루언서 광고 효과는 아직은 실제 인간 인플루언서 광고 효과에 미치지 못하지만, 실제 인간이기에 초래할 수 있는 스캔들, 리스크 발생 등을 고려한다면 버추얼 인플루언서 마케팅도 효과적일 것이라 주장했다. 그리고 향후 버추얼 인플루언서를 구현하는 기술이 더 발전하여 외모뿐만 아니라 사고, 소통, 공감 등 의인화 수준이 더 높아져 지각된 경험 수준이 향상된다면 인간 인플루언서보다 비용과 운영에서 더 효율적인 버추얼 인플루언서의 활용도가 높아질 수 있을 것으로 예측했다.

버추얼 인플루언서는 최신 트렌드와 기술을 반영한 제품의 소개 및 홍보에 탁월한 효과를 발휘하며, 다양한 산업에서 그 역할을 점차 확대해나가고 있다. 버추얼 인플루언서 마케팅은 초기 단계여서 다양한 요인을 고려할 필요가 있지만, 젊은 세대와의 소통에

강점을 가지며, 다양한 제품군에서 독창적인 마케팅 전략을 가능케 한다. 그리고 기술의 발전으로 외모뿐만 아니라 사고, 소통, 공감 등 의인화 수준이 더 높아져 지각된 경험 수준이 향상된다면 버추얼 인플루언서는 미래의 마케팅 전략에 더욱 중요한 요소로 자리 잡을 것이다.

ChatGPT 추천 요약본

디지털 시대의 새로운 마케팅 전략: 버추얼 인플루언서의 활용과 효과

버추얼 인플루언서는 컴퓨터그래픽을 이용해 만들어진 디지털 캐릭터로, 소셜 미디어를 통한 상품 홍보와 소비자와의 상호작용을 통해 광고 효과를 끌어올린다. 이들은 실제 인플루언서에 비해 상업적 위험 없이 맞춤형 콘텐츠를 제공하며, 특히 디지털 네이티브인 Z세대에게 큰 인기를 끌고 있다. 아직은 실제 인플루언서에 비해 광고 효과에서 약간의 차이가 있지만, 기술 발전에 따라 그 활용도가 더욱 증가할 것으로 전망된다.

6 잘파세대의 새로운 경험

　　메타버스는 현실세계와 가상세계가 실감 기술을 통해 결합하고 상호작용하면서 만들어진 가상의 공간이다. 2021년부터 2022년까지 가상세계에서 대량의 엔터테인먼트 콘텐츠가 빠른 속도로 생성되어 인기를 끌었는데, 이는 메타버스의 물리적 제약이 없는 확장성과 디지털 네이티브Digital Native[7] 덕분이었다. 그리고 메타버스 내에서 엔터테인먼트 콘텐츠는 이미 탄탄한 팬덤을 확보하고 있었기 때문이다.

　　또한, 버추얼휴먼은 메타버스, 교육, 패션, 금융, 쇼핑, 식품 등 다양한 분야에서 활용되었으며, 특히 SNS를 기반으로 입지를 다졌다. 버추얼 인플루언서, 버추얼 아이돌, 버추얼 셀럽, 버추얼 유튜버 등 다양한 방식으로 활동하고 있다. 이들이 엔터테인먼트 산업에 적극적으로 도입된 이유는 엔터테인먼트 콘텐츠의 진입장벽이 낮아 접근성이 좋으며, 무엇보다 즐겁고 재미있는 상상의 영역을 현실화할 수 있기 때문이었고, 버추얼휴먼의 이미지와도 잘 맞았다.

2022년 메타버스와 버추얼휴먼은 디지털 경제와 소비자 행동에 현저한 영향을 미쳤다. 특히, MZ세대MZ generation: 밀레니얼세대와 Z세대와 알파세대Generation Alpha[8] 같은 디지털 네이티브 세대 사이에서 긍정적인 반응을 얻었다. 이들 세대는 기술적 진보와 디지털 환경에 대해 익숙하며, 새로운 경험과 문화를 환영하는 경향이 강하게 나타났다.

MZ세대는 메타버스와 버추얼휴먼 활성화 초기에 주로 언급되었으나, M세대Millennials와 Z세대를 하나의 수용자층이나 소비자층으로 보기에는 한계가 있다는 의견도 있었다. 이후 버추얼 콘텐츠는 Z세대에 집중하기 시작했고, 이에 GenZ, 젠지세대 등의 신조어가 등장했다. 더 나아가 인공지능, 가상현실, 증강현실 등의 기술에 익숙한 알파세대가 성장하면서 잘파세대Zalpha Generation[9]라는 신조어도 등장했다.

잘파세대는 메타버스 플랫폼 제페토ZEPETO, 로블록스Roblox 등에서 디지털 소비의 중심으로 떠오르고 있으며, 버추얼 아이돌, 버튜버 등에 상당한 관심이 있는 세대로 알려져 있다. 대부분 메타버스 플랫폼 이용자의 80% 정도가 10대인 잘파세대이며, 이들은 온라인에 친숙하고 디지털로 관심사를 공유하며, 콘텐츠의 창작자이자 소비자 역할을 함께 수행하는 프로슈머Prosumer로 볼 수 있다. 즉

잘파세대는 기성세대에 비해 온라인에 거부감이 없고, 가상세계와 버추얼의 존재를 편하게 받아들일 수 있는 세대라고 알려져 있다.

이러한 현상은 메타버스와 버추얼휴먼 등의 버추얼 콘텐츠가 실재하지는 않지만 디지털 캐릭터로서의 매력과 트렌디한 이미지를 통해 특히 잘파세대에게 강력한 영향력을 발휘하고 있음을 보여준다. 버추얼 인플루언서, 버추얼 아이돌, 버튜버 등으로 활동하는 버추얼휴먼은 고도의 컴퓨터그래픽 기술로 진행되기 때문에 잘파세대가 선호하는 현대적이고 독특한 외모와 스타일을 구현할 수 있다. 이들의 디자인과 스타일은 새로운 패션 트렌드와 문화적 요소를 소개하며 젊은 소비자인 잘파세대의 관심을 사로잡았다.

2022년 후반부터 메타버스와 버추얼휴먼을 활용한 버추얼 콘텐츠가 잘파세대 사이에서 주요한 영향력을 발휘할 것으로 논의되었다. 버추얼휴먼의 가상 캐릭터로서의 매력과 메타버스 플랫폼 내에서 개인화된 타깃 마케팅target marketing을 통해 잘파세대에게 의미 있는 경험을 제공하며, 브랜드와 소비자 간의 감정적 결속을 강화하는 데 중요한 역할을 할 것으로 예측되었다. 다수의 전문가는 버추얼 콘텐츠가 기술적 진보와 함께 더욱 발전하여 소비자의 새로운 소비 행동과 기대를 모색할 것이라 언급했다.

메타버스는 사용자가 다양한 사회적 상호작용을 경험하고 감정적으로 연결할 수 있는 공간을 제공했다. 가상 캐릭터들과의 상호작용을 통해 사용자는 새로운 친구들을 만들고, 커뮤니티에 참여하며 소속감을 느끼기도 했다. 메타버스는 잘파세대에게 현실에서는 경험하기 어려운 차세대 엔터테인먼트와 소비 경험을 제공하며, 새로운 디지털 경험을 통해 세상을 바라보는 방식을 변화시키고 있다.

　메타버스와 다양한 형태의 버추얼휴먼이 만든 버추얼 콘텐츠는 잘파세대의 기술적 진보에 대한 긍정적 반응을 반영하는 중요한 요소로 자리 잡고 있다. 잘파세대는 이러한 새로운 디지털 미디어와 플랫폼을 통해 자신의 관심사와 가치관을 표현하며, 기업들은 이를 통해 새로운 마케팅 전략을 구사하고 소비자와의 긴밀한 관계를 형성하는 데 큰 기회를 얻을 수 있을 것으로 보고 있다. 디지털 경제의 발전은 더욱 다양하고 새로운 소비자 경험을 제공하며, 앞으로도 계속해서 발전할 전망이다.

　결론적으로, 메타버스와 다양한 형태의 버추얼휴먼의 확산은 잘파세대의 새로운 디지털 경험과 소비 행동을 끌어내며, 이들이 세상을 바라보는 방식에 주요한 영향을 미칠 것이다. 향후 메타버스와 버추얼휴먼으로 구현된 버추얼 콘텐츠는 다양한 분야에서 그 영향력을 확장해나가며 디지털 경제의 핵심 요소로 자리 잡을 것이다.

ChatGPT 추천 요약본

디지털 네이티브 세대와 메타버스: 새로운 디지털 경험의 탄생

2021~2022년 메타버스와 버추얼휴먼이 급격히 발전하면서 디지털 네이티브 세대인 MZ세대와 알파세대에게 큰 인기를 끌었다. 메타버스는 현실과 가상이 결합한 가상공간으로, 실감 기술을 통해 다양한 사회적 상호작용과 감정적 연결을 제공한다. 이로 인해 대량의 엔터테인먼트 콘텐츠가 생성되었고, 버추얼휴먼은 메타버스 내에서 버추얼 인플루언서, 버추얼 아이돌, 버추얼 유튜버 등으로 활동하며 큰 인기를 얻었다. 특히 잘파세대는 새로운 디지털 경험과 소비 행동을 긍정적으로 받아들여 버추얼 콘텐츠가 그들의 일상과 문화에 중요한 영향을 미칠 것으로 예상되고 있다.

7 버추얼휴먼 활용의 양면성

버추얼 인플루언서

   2021년 7월 버추얼휴먼 로지가 광고 속 단독 모델로 등장한 이후 국내에서는 버추얼휴먼을 모델로 기용한 광고가 다양한 채널을 통해 대중에게 전달되었다. 일반적으로 광고모델은 브랜드에 관한 정보나 특정 이미지를 소비자에게 제공하며, 목표로 한 소비자의 시선을 끌어 인지도를 높이고, 브랜드 및 제품에 관한 관심과 이해를 높여 브랜드 및 제품을 기억하게 하여 구매 행동까지 유발한다. 이에 버추얼휴먼을 활용한 마케팅 및 콘텐츠는 디지털 시대에 새로우면서도 효과적인 전략으로 자리 잡았다. 또한 시간과 공간의 제약 없이 다양한 콘텍스트context에서 소비자와 상호작용할 수 있는 장점이 있으며, 이에 따라 세계 시장에서의 접근성을 크게 확대할 가능성을 제공했다.

이처럼 마케팅 관점에서 버추얼휴먼을 광고모델, 정보원 등으로 활용하는 이유는 구설수가 없다는 점과 수익 창출에 대한 효용 가치가 높기 때문이다. 버추얼휴먼은 실제 인간이 아닌 디지털 캐릭터이기 때문에 시공간 제약 없이 언제 어디서나 활동할 수 있고, 약물 복용이나 학교폭력, 음주운전, 성추문 같은 사생활 논란도 없다. 이는 기존의 광고모델이나 대중과의 소통에서 제한되던 지역적·시간적 특성을 극복하는 데 큰 도움이 되었다.

또한, 버추얼휴먼은 외모, 나이, 성별, 스타일 그리고 대중이 선호하는 스토리텔링 등 원하는 대로 창조할 수 있어 타깃 소비자층에 대한 맞춤형 마케팅이 가능했다. 이는 특정 제품이나 브랜드의 철학, 가치를 효과적으로 전달할 수 있는 중요한 장점이다. 더불어 기업을 대변할 버추얼휴먼에 브랜드 철학과 가치, 상품 이미지를 투영할 수 있고, 사회적 화두나 대중의 관심도 바로 수용할 수 있어 맞춤형 모델 구현이 가능했다. 이는 특정 문화적·사회적 화두에 민감한 소비자층과의 소통에서도 큰 이점을 가질 수 있다는 의미로 해석할 수 있다. 즉, 버추얼휴먼은 하나의 콘텐츠로 존재할 수 있기 때문에 복잡한 단계를 거치지 않고 수익 창출과도 직결될 수 있음을 의미한다.

　버추얼휴먼은 단순히 마케팅 분야에 그치지 않고 다양한 산업에 긍정적인 영향을 미칠 수 있었다. IT 산업에서는 새로운 기술 발전을 촉진하고, 엔터테인먼트 산업에서는 창의적인 콘텐츠 제작에 기여할 수 있었다. 가상현실, 증강현실, 인공지능 등의 기술과 결합하여 더욱 현실감 있는 버추얼휴먼을 제작하면서 사용자 경험을 높이는 사례들이 증가했다. 또한, 문화예술 분야에서는 예술적 실험의 가능성을 넓혀 새로운 형태의 창작과 작품을 탄생시킬 수 있었다. 이는 전통적인 예술의 경계를 넘어선 작품을 만들어내는 데 중요한 기회를 제공했다.

　반면, 버추얼휴먼은 디지털 캐릭터여서 감정적 연결성이 제한될 수 있다는 단점이 있었다. 특히, 실제 인간의 미소나 몸짓에서 나오는 감정 표현을 완벽하게 대체하기 어려운 한계가 있었다. 이에 따라 소비자와의 깊은 감정적 연결을 유지하기 어려울 수 있으며, 이는 브랜드와 소비자 간의 신뢰성 있는 관계 형성에 어려움을 초래하기도 했다.

　버추얼휴먼의 디자인이 현실적인 인간 모델과 너무 닮거나 너무 다르게 표현될 경우, 소비자 사이에서 '불쾌한 골짜기' 현상이 발생할 수 있다. 예를 들어, 버추얼휴먼이 "오늘 너무 즐겁고 재미있습니다!"라고 이야기하는데 표정은 무표정하거나 한쪽 입꼬리만 올라간 모습, 버추얼휴먼이 춤을 추는데 머리와 몸이 눈에 띄게 차이가 있다면 불편함을 느낄 수 있을 것이다. 이는 특정 소비자에게 버추얼휴먼에게 불쾌감을 넘어 거부감까지 느끼게 할 수 있다. 버추얼휴먼과 관련하여 불쾌한 골짜기를 완화하는 방안에 대해 다양한 논의가 이루어졌는데, 그중 하나가 "버추얼휴먼의 외모와 내면을 일치시키는 것이 중요하다"는 다수 전문가의 의견이 있었다. 이는 버추얼휴먼을 만들 때 감정과 생각의 복잡성을 묘사하는 이마, 눈, 입 그리고 움직임 등의 요소에 더 세밀한 기술력이 필요하다는 것을 의미한다. 따라서 전문가들은 표정과 움직임 등을 세심하고 정밀하게 모델링하고 애니메이션화하는 작업이 필요하다고 의견을 모았다.

즉, 버추얼휴먼 관련 디자인의 현실감을 유지하면서도 소비자의 편안함을 고려한 디자인이 필요한 시점이다. 버추얼휴먼의 디자인 과정에서는 표정, 몸의 움직임, 음성 등을 현실감 있게 표현하는 것이 주요한 요소로 작용했는데, 특히 인공지능 기술을 활용하여 실시간으로 소비자의 반응에 따라 캐릭터의 표정을 조정할 수 있는 시스템을 강화하기도 했다. 이러한 최신 기술을 활용하여 감정적 연결성을 강화하는 방안을 모색하기도 했다. 더불어 버추얼휴먼이 제품이나 브랜드의 메시지와 잘 맞물리도록 하는 것도 주요하게 작용했다. 이는 단순한 광고 캐릭터가 아닌 소비자에게 공감되고 신뢰할 수 있는 이미지를 구축하는 데 중요한 역할을 하므로 강력한 스토리텔링을 통해 버추얼휴먼이 소비자와의 감정적 및 인지적 결속력을 강화할 수 있도록 했다.

버추얼휴먼을 활용한 마케팅 및 콘텐츠는 현대사회에서 빠르게 발전하고 있는 새로운 기술적 도전 과제와 함께 뚜렷한 장점을 제공한다. 그러나 버추얼휴먼을 효과적으로 활용하기 위해서는 콘텐츠와 마케팅 전략에 대한 깊은 이해와 연구가 필요하다. 기술적 발전과 디자인을 결합하여 감정적 접근성을 유지하고 소비자와의 관계 형성에 성공하는 것이 중요하다. 또한, 버추얼휴먼의 스토리텔링이 제품의 메시지와 잘 맞물려야 하며, 단순한 광고 캐릭터가 아닌 고유한 개성과 가치를 전달할 수 있어야 한다.

좀 더 나아가 버추얼휴먼을 활용한 마케팅은 미래의 트렌드와 기술적 발전에 따라 지속해서 발전하고 있다. 가상현실, 증강현실 등과의 결합을 통해 더욱 현실적인 상호작용을 제공할 가능성이 있다. 이러한 기술적 진보는 소비자의 경험을 향상하고 브랜드의 전략적 경쟁력을 강화하는 데 중요한 역할을 할 것이다.

반면, 버추얼휴먼을 활용한 마케팅은 여전히 도전 과제를 안고 있다. 특히, 디자인의 현실감과 감정적 접근성 유지가 어려운 부분에서 계속해서 연구와 개발이 필요하다. 또한, 소비자 사이에서 호불호가 갈리거나 불쾌감을 일으킬 수 있는 디자인적 요소를 사전에 파악하고 해결할 수 있는 전략적 접근이 필요하다.

향후 제대로 기획 및 제작된 버추얼휴먼은 IT산업, 마케팅, 문화예술 영역뿐만 아니라 전방위적으로 영향력을 확장하고 수익을 창출할 수 있을 것이다. 가상현실, 모션 캡처, 컴퓨터그래픽, 인공지능 등 기술적 측면이 보완되어 목소리, 자연스러운 표정과 움직임 등 실제 인간과 더욱 유사해진다면 언제나 젊음을 유지하고, 아무리 빡빡한 스케줄도 소화할 수 있고, 리스크가 될 스캔들이 없는 버추얼휴먼에 대한 수요는 늘어날 것이라 예상할 수 있다.

버추얼휴먼을 통해 제품 또는 브랜드의 가치를 명확히 전달하고 소비자와의 긍정적인 상호작용을 유도하는 것이 최종 목표다. 이를 위해 기술적 발전과 동시에 소비자 중심의 디자인과 마케팅 전략을 지속해서 발전시켜나가야 한다. 버추얼휴먼을 활용한 마케팅은 현대 디지털 시대의 새로운 흐름을 이끌어나가는 중요한 전략적 도구이며, 지속적인 연구를 통해 그 잠재력을 최대로 발휘할 방안 모색이 필요한 시점이다.

ChatGPT 추천 요약본

디지털 시대의 마케팅 혁신: 버추얼휴먼의 활용과 가능성

버추얼휴먼을 활용한 마케팅은 디지털 시대의 혁신적 전략으로 자리 잡고 있다. 이는 시간과 공간 제약 없이 다양한 콘텍스트에서 소비자와 상호작용할 수 있는 장점을 제공하며, 특히 개인화된 맞춤형 마케팅을 가능하게 한다. 또한, 버추얼휴먼은 사회적 화두와 소비자의 관심을 반영하여 브랜드 메시지를 전달할 수 있는 강력한 도구다. 그러나 감정적 연결성에서는 인간과의 차이가 있을 수 있으며, 디자인의 현실감과 사용자 경험을 고려한 연구가 필요하다. 앞으로 기술적 진보와 전략적 접근을 통해 버추얼휴먼의 잠재력을 최대한 활용하는 방안을 모색해야 한다.

---

8 엔터테인먼트 산업에서 메타버스와 버추얼휴먼의 등장과 의미 변화

코로나19로 인한 비대면 환경의 확산으로 오프라인 이벤트가 어려워지자 이를 대체할 수 있는 메타버스가 전면에 등장했다. 메타버스와 버추얼휴먼, 아바타 등이 사회적 연결과 새로운 관계를 형성할 수 있는 수단이자 공간으로 활용되기 시작했고, 활용성이 확장되면서 미래 비즈니스 키워드로 급부상했다. 대중문화계 역시 이를 적극적으로 수용하여 활용하려는 움직임을 보이며 엔터테인먼트 산업 전반에 걸쳐 영향력이 빠르게 확산했다.

특히 엔터테인먼트 산업에서는 메타버스의 활용이 두드러졌다. 메타버스 기반의 방송 프로그램들이 등장하면서 시청자는 가상 공간에서 공연을 즐기거나 인터랙티브한 방식으로 프로그램에 참여할 수 있게 되었다. 예를 들어, 〈아바타싱어〉(MBN, 2022), 〈아바드림〉(TV조선, 2022), 〈뉴페스타〉(JTBC, 2022) 등과 같은 프로그램들이 기획 및 제작되었으며, 버추얼휴먼까지 등장시켜 엔터테인먼트 영역에서 메타버스와 버추얼휴먼의 가능성을 타진했다. 방송 프로그램뿐만 아니라 버추얼휴먼 로지, 한유아 등은 음원을 발매하기도 했고, 엔터테인먼트 기획사와 계약하며 본격적인 연예 활동을 시작했다.

국내에서 메타버스가 주목받기 시작한 시점은 2020년 이후로, 특히 MZ세대를 대상으로 한 맞춤형 콘텐츠가 중요시되었다. 2018년 tvN에서 방영된 드라마 〈알함브라 궁전의 추억〉은 증강현실 게임을 소재로 한 흥미진진한 스토리로 시청자에게 호평받았는데, 2022년 재조명되면서 다시 주목받았다. 이후로도 가상현실, 증강현실 등을 활용한 다양한 드라마들이 기획·제작되었다. 이들 작품은 콘텐츠 자체뿐만 아니라 깊이 있는 스토리텔링에 큰 중점을 두고 있어서 메타버스가 단순한 콘텐츠의 형태를 넘어서 스토리텔링의 핵심 요소로 자리 잡은 추세를 보였다. 메타버스는 확장된 가상세계에서만 가능한 독특한 경험과 이야기들을 시청자에게 제공함으로써 새로운 매력을 선사했다. 이는 기존의 미디어 형태로는 경험할 수 없었던 창의적이고 상호작용이 가능한 새로운 영역을 열어주었다. 따라서 메타버스는 단순한 콘텐츠 제공 공간을 넘어 스토리텔링과 독특하고 새로운 경험 제공의 중심으로 자리 잡고 있음을 확인할 수 있었다.

또한, 대중음악, 특히 K-pop 분야에서 메타버스 기술인 가상현실, 증강현실, 혼합현실, 확장현실, 인공지능 등 첨단 기술을 활용한 변화와 발전이 크게 일어났다. 예를 들어, 블랙핑크는 제페토에서 아바타 형태의 팬 사인회를 진행했고, 포트나이트에서는 콘서트를 개최하여 전 세계 팬들과 직접 소통했다. 방탄소년단은 뮤직비디오를 최초로 가상 형태로 공개하여 팬들에게 새로운 경험을 선사했다. SM엔터테인먼트는 걸그룹 에스파aespa를 통해 현실과 가상세계를 연결하는 콘셉트를 선보였다. 에스파 멤버들은 현실세계와 디지털 세계를 넘나드는 활동을 통해 새로운 팬 경험을 제공했다. 이러한 메타버스와 대중음악의 만남은 새로운 콘텐츠 생산 방식과 비즈니스 모델을 창출하고 있으며, 팬들과 아티스트 간 상호작용의 차원을 더욱 확장했다.

버추얼휴먼은 기술 발전을 통해 실현된 개념으로, '인간의 디지털 재현' 또는 '초현실적 아바타'로 설명된다. 이들의 외형은 인간과 유사하지만, 실제세계에서는 물질적 존재가 아니기 때문에 명확히 구별된다. 버추얼휴먼은 크게 모방형과 창작형의 두 가지 유형으로 구분하고 있다. 첫째, 모방형 버추얼휴먼은 실제 인간이 원본으로 존재하며 원본인 인간의 외형과 성격을 최대한 유사하게 재현한다. 즉, 모방형 버추얼휴먼은 일명 '아바타'라고 표현할 수 있다. 대표적인 사례로는 영화 〈아바타〉, 걸그룹 에스파, 무신사 광고모델로 등장한 배우 유아인과 닮은 '무아인'이 있다. 이는 버추얼휴먼의 대중화를 위해 주로 대중에게 익숙한 인물인 유명 인사 등을 활용하고 있다. 점차 일반인도 자신을 닮은 아바타를 만들어 소통하는 것이 하나의 놀이 문화로 자리 잡고 있다.

둘째, 창작형 버추얼휴먼은 기획자와 개발자의 의도에 따라 만들어지며, 원본이 존재하지 않는다. 대표적으로 국내 최초의 버추얼 인플루언서인 로지, LG가 개발한 래아 등이 있다. 대부분의 창작형 버추얼휴먼은 버추얼 인플루언서, 버추얼 셀럽, 버추얼 아이돌 등 개발자의 기획 의도가 명확하게 드러난다. 원본이 없는 창작형 버추얼휴먼의 경우, 대부분 상업적인 목적이나 브랜드 정체성을 드러내기 위한 수단으로 창작되고 있기에 대중의 기호와 취향 등을 최대로 반영한 이상적인 인간으로 설계되고 있다.

버추얼휴먼은 다양한 분야에서 활용될 수 있으며, 특히 메타버스와 관련된 활동에서는 실제 인간과 거의 구별되지 않는 수준으로 자연스럽게 표현될 수 있다. 이는 디지털 경험과 상호작용의 새로운 가능성을 열어주며, 앞으로 더 많은 발전과 활용을 기대할 수 있다. 즉 버추얼휴먼은 엔터테인먼트 영역에서 활용할 수 있는 새로운 형태의 소셜 인터랙션, 콘텐츠 제작 및 더 나아가 교육, 의료 등 다양한 분야에서 변화를 가져올 수 있다.

먼저, 디지털 경험과 상호작용의 새로운 가능성으로, 버추얼휴먼을 활용하면 현실세계에서 가능한 것과 거의 동등한 디지털 환경을 제공할 수 있다. 가상현실에서의 게임, 쇼핑 체험, 온라인 이벤트 참여는 사용자가 실제와 유사한 방식으로 상호작용하며 다양한 활동을 즐길 수 있도록 한다. 이는 개인적인 취향에 맞는 맞춤형 경험을 제공하며, 새로운 디지털 문화와 소비 방식을 형성할 수 있다.

또한, 소셜 인터랙션이 가능해질 것이다. 메타버스 같은 가상 공간에서의 버추얼휴먼은 실제 사회적 상호작용을 거의 구별할 수 없는 수준으로 제공할 수 있다. 사용자는 가상세계에서 실시간으로 소통하고 협업할 수 있으며, 이는 가상회의, 팀 프로젝트, 가상파티 등 다양한 활동으로 확장될 수 있다. 지리적 제약을 초월하고 다문화적인 소통을 증진하며, 현실에서는 어려웠던 사회적 경계를 넘어설 기회를 제공한다.

나아가 버추얼휴먼을 이용한 새로운 콘텐츠 기획 및 제작을 할 수 있게 한다. 가상세계에서의 공연, 버추얼 뮤지엄 투어, 인터랙티브 영화 등은 사용자에게 현실과는 다른 차원의 몰입감을 제공한다. 이러한 콘텐츠는 예술과 문화의 경계를 넘어서는 창의적인 표현의 자유를 제공하며, 참여형 콘텐츠를 확장할 수 있게 한다.

그뿐만 아니라 버추얼휴먼은 교육과 의료 분야에서도 변화를 촉진할 수 있다. 가상현실을 통한 시뮬레이션 기반 학습은 안전하고 실질적인 경험을 제공하며, 원격 지역에서의 교육 접근성을 개선할 수 있다. 또한, 가상현실 기반의 치료와 재활 프로그램은 환자들에게 개인 맞춤형 치료를 제공하며, 의료 서비스의 효율성을 높일 수 있다.

이러한 다양한 활용 가능성은 버추얼휴먼이 디지털 시대의 주요 트렌드로 자리 잡을 수 있는 이유를 보여준다. 기술 발전과 함께 더욱 진화된 버추얼휴먼은 사회·경제·문화적인 측면에서 변화를 선도할 것이며, 사용자 경험과 사회적 상호작용을 극대화하는 데 중요한 역할을 할 것이다.

　　메타버스와 버추얼휴먼이 엔터테인먼트 산업에서 변화를 이끄는 과정을 깊이 있게 살펴보면, 각 기술의 발전과 산업적 확장이 중심에 있었다. 먼저, 2021년에는 메타버스 기반의 기술 발전이 엔터테인먼트 산업에 큰 변화를 가져왔다. 가상현실과 증강현실 등 기술의 진보로 인해 메타버스 플랫폼이 주목받게 되었고, 이는 가상세계에서의 다양한 경험을 가능하게 했다. 그러나 이러한 발전은 동시에 IPIntellectual Property, 지식재산권 관리라는 중요한 문제를 도출해냈다. 메타버스에서 생성되는 콘텐츠 IP 관리는 제작자와 소비자 간의 신뢰와 안정성을 유지하는 데 핵심적인 경제적 측면을 차지하게 되었다. 이는 향후 메타버스 산업의 성장과 지속가능한 발전을 위한 중요한 과제로 자리 잡게 되었다.

　　2022년에는 메타버스와 NFT 기술 간의 결합이 주목받았다. NFT는 메타버스 내에서 창작 콘텐츠에 소유권을 부여하는 중요한 도구로 인식되었다. 이 기술은 다양한 콘텐츠에 희소성을 부여하고 경제적 가치를 높이는 데 중요한 역할을 하게 되었다. 이러한 발전은 메타버스와 관련된 콘텐츠 제작 및 소비의 경제적 측면을 강조하게 되었다. 콘텐츠 기획자 및 제작자는 자신들의 작품에 대한 소유권을 NFT 형태로 발행함으로써 창작물의 가치를 증대시킬 수 있게 되었고, 이는 지속가능한 비즈니스 모델을 구축하는 데 필수적인 요소로 자리 잡았다. 따라서 2022년은 메타버스 산업에서 경제적 관점에서의 변화와 발전이 크게 강조되었다.

　　2023년에는 메타버스 기술이 더욱 발전함에 따라 다양한 기술들이 통합되어 메타버스 플랫폼에서 제공되는 콘텐츠의 질과 창의성이 크게 향상되었다. 주목할 만한 기술로는 인공지능, 증강현실, 가상현실 등이 있으며, 이들 기술의 발전은 사용자 경험을 개선하는 데 이바지했다. 특히, 콘텐츠 기획과 제작 단계에서는 최첨단 기술뿐만 아니라 창의적이고 매력적인 아이디어가 중요시되고 있다. 이는 메타버스에서 사용자에게 흥미롭고 유익한 경험을 제공하는 데 필수적인 요소로 작용하고 있다. 새로운 형태의 상호작용과 경험을 가능하게 하는 콘텐츠들이 대중의 지속적인 관심을 끌어내며 메타버스 플랫폼의 발전을 촉진하는 주요 요소로 자리 잡았다.

한편, 버추얼휴먼은 메타버스와 밀접하게 연결되어 있지만 다소 다른 이슈와 발전 과정을 거쳐왔다. 2021년에는 메타버스 기반의 아바타가 중요한 주제로 떠올랐다. 아바타는 사용자가 가상공간에서 자신을 대변하며 상호작용하는 주요 요소로 인식되었고, 이는 사용자 경험의 핵심 부분을 차지하게 되었다. 아바타의 개발과 관리는 메타버스 내에서의 상호작용과 자신을 표현하는 데 큰 영향을 미치는 핵심 요소로 자리 잡았다. 사용자는 자신의 아바타를 통해 가상공간에서 다양한 활동을 수행하며 소통하는데, 이는 개인적인 정체성을 강조하고 창조하는 중요한 방법이 되었다. 그 결과, 2021년은 메타버스에서 아바타의 역할과 중요성을 깊이 있게 논의하고 다양한 아바타 관련 이슈들이 드러난 시기였다고 볼 수 있다. 사용자가 자신의 아바타를 어떻게 사용하고 관리하는지가 메타버스 경험의 핵심을 결정짓는 요소 중 하나로 자리 잡았다.

2022년에는 버추얼휴먼과 관련하여 인공지능과 3D 모델링 기술을 활용하여 주목받았다. 이 기술은 다양한 콘텐츠에서 버추얼휴먼이 중요한 역할을 맡게 되며, 사용자와의 상호작용에서 중요한 요소로 자리 잡았다. 특히, 인공지능 기술의 발전은 버추얼휴먼의 자연스러운 동작과 대화, 그리고 다양한 상황에서의 반응을 가능하게 하여 사용자 경험을 개선했다. 3D 모델링 기술도 더욱 정교해져 버추얼휴먼의 외모와 행동을 현실감 있게 구현하는 데 기여했다. 이러한 기술적 진보는 다양한 콘텐츠의 생산과 제공에 긍정적인 영향을 미쳐 사용자에게 더욱 몰입감 있고 풍부한 경험을 제공하는 데 중요한 역할을 했다. 따라서 2022년은 버추얼휴먼의 발전이 메타버스와 관련된 다양한 분야에서 변화를 이루어가는 중요한 시기였다.

2023년에는 버추얼휴먼과 관련된 산업이 점점 더 확장되었다. 이에 따라 버추얼휴먼을 활용한 다양한 새로운 산업이 발전하고 있으며, 이는 경제적 가치의 중요성을 더욱 부각했다. 버추얼휴먼은 다양한 콘텐츠 제작 및 상업적 활용 가능성을 열어주었다. 가상세계에서의 퍼포먼스, 디지털 아티스트 활동, 버추얼 스포츠 경기 등이 이에 해당한다. 이러한 활동들은 사용자에게 현실과 유사한 경험을 제공하면서도 새로운 형태의 경제 활동을 창출하고 있다. 또한, 버추얼휴먼을 통해 생성된 IP는 디지털 환경에서의 소유권과 경제적 가치를 창출할 수 있다. 이는 예술 작품, 디지털 콘텐츠, 가상환경에서의 브랜드 구축 등 다양한 형태로 나타날 수 있으며, 이러한 가치 창출은 향후 버추얼휴먼이 산업 전반에 걸쳐 더욱 중요한 역할을 할 것임을 시사한다.

메타버스와 버추얼휴먼은 엔터테인먼트 산업에서 변화를 일으키고 있는 중요한 요소이며, 급속하게 발전하면서 콘텐츠 제작과 경제적 가치 창출이라는 측면에서 새로운 기회와 도전 과제를 제기하고 있다. 특히 콘텐츠 IP 관리, NFT의 활용, 창의적인 콘텐츠 기획 및 제작 등이 앞으로도 계속해서 중요한 논의가 될 것으로 예상된다. 메타버스 가상공간, 버추얼휴먼 등은 사용자에게 다양한 경험과 기회를 제공하며, 엔터테인먼트 산업의 미래를 형성하는 중추적인 역할을 할 가능성이 있을 것으로 전망할 수 있다.

ChatGPT 추천 요약본

디지털 세계에서의 창의적인 콘텐츠 제작과 혁신: 메타버스와 버추얼휴먼

메타버스와 버추얼휴먼이 현대 엔터테인먼트 산업에서 중요한 역할을 하고 있다. 메타버스는 비대면 환경에서 사회적 연결과 새로운 관계 형성을 도와주며, 특히 엔터테인먼트 분야에서는 가상 형태의 방송 프로그램이 주목받고 있다. 버추얼휴먼은 현실과 거의 구별이 안 되는 수준으로 디지털 세계에서 활동할 수 있는 인공적인 존재로, 콘텐츠 제작과 상호작용에서 중요한 역할을 한다. 이러한 기술들은 미래 비즈니스의 주요 키워드로 자리 잡고 있으며, 다양한 분야에서의 혁신적인 변화를 이끌고 있다.

9 버추얼 IP의 새로운 지평

    코로나19로 비대면이 일상화되면서 3차원 가상세계virtual worlds에서 상호작용할 수 있는 메타버스가 화두로 떠올랐고, 세계적으로 주목받고 있는 K-콘텐츠에 다양한 형태로 스며들었다. 특히, 일상 회복 단계에서도 새로운 음악 콘텐츠 활성화를 위해 신기술을 활용한 온·오프라인 공연콘텐츠 개발을 지원하면서 '가상-현실 K-pop 아티스트', '버추얼 아이돌Virtual Idol'에도 이목이 쏠렸다.

    코로나19 유행 초기에는 '가상-현실'을 연계하기 위해 실제 아이돌이 가상현실, 증강현실, 확장현실, 인공지능 등 신기술로 부캐를 제작해 메타버스 플랫폼에서 K-pop 공연 등을 펼쳤고, 실제 사람이 가상현실, 모션 캡처 등 특수 장비를 활용해 자신의 가상세계 아바타를 제작해 방송을 진행하는 버추얼 유튜버, 버추얼 스트리머, 버추얼 BJ 등이 등장했다. 또한, 국내 버추얼 시장은 2D 캐릭터를 좋아한 팬들로부터 서서히 인기를 끌기 시작했는데, 이는 온라인 플랫폼을 기반으로 활동하는 버추얼 아이돌의 탄생으로 이어졌다. 나아가 메타버스와 K-pop의 융합은 버추얼 아이돌이라는 형태로 진화했다.

초기 버추얼 아이돌은 게임 〈리그 오브 레전드LOL, League of Legends〉 캐릭터로 이루어진 K/DA나 걸그룹 에스파의 세계관 속에 등장하는 ae-aespa, 이세계아이돌 등이 존재한다. K/DA, ae-aespa 등은 버추얼 아이돌 자체의 인기보다 기존에 게임을 했던 팬덤이나 현실 아이돌의 인지도 등이 큰 영향을 미쳤다는 점에서 다소 아쉬움을 남겼지만, 이세돌은 데뷔와 동시에 음원차트 1위를 달성하면서 온전한 버추얼 아이돌만의 저력을 발휘하여 대중적인 흥행을 거뒀다는 점에서 호평받기도 했다.

버추얼 아이돌의 잠재력과 확장 가능성이 입증되면서 가상-현실 K-pop 아티스트들이 대거 등장했다. 게임회사로 잘 알려진 넷마블에프엔씨 자회사인 메타버스엔터테인먼트와 카카오엔터테인먼트가 함께 제작한 버추얼 아이돌 메이브MAVE:, SM엔터테인먼트가 제작한 나이비스nævis, 펄스나인PULSE9이 구현한 이터니티Eternity, 버추얼 보이그룹으로는 RE:Revolution(구 레볼루션 하트, Revolution

Heart), 플레이브PLAVE 등이 있으며, 슈퍼카인드SUPERKIND는 실제 인간과 버추얼휴먼으로 구성되었다. 이 밖에도 카카오엔터테인먼트는 버추얼 걸그룹 서바이벌 예능 프로그램 〈소녀 리버스RE:VERSE〉를 통해 5인조 버추얼 걸그룹 피버스Feverse를 탄생시켰고, 메이브와 플레이브는 공중파 음악 방송인 MBC 〈쇼! 음악중심〉 무대에 출연하여 버추얼 아이돌의 새로운 방향성을 제시하기도 했다.

버추얼 아이돌의 등장은 K-pop을 즐기는 새로운 방식으로 자리 잡고 있으며, K-pop의 영향력을 다양한 방식으로 확장할 가능성을 제시하고 있다. 버추얼 아이돌은 그 자체가 하나의 콘텐츠이자 버추얼 아이돌 IP를 기반으로 웹툰, 웹소설, 영상, 게임 같은 다양한 장르로의 확장과 메타버스 같은 가상공간으로도 활동 범위를 자연스레 확장하여 새로운 수익 모델을 창출하고 있다. 일례로 메이브는 카카오웹툰 〈MAVE: 또 다른 세계〉를 통해 세계관을 확장했고, 넷마블 게임 등을 통해 메이브 세계관과 연결된 다양한 콘텐츠를 선보이며 팬들과의 상호작용을 강화하고 있다. 메이브는 K-pop 중심으로 IP를 확장하여 새로운 콘텐츠와 즐길거리를 제공하며, 글로벌 팬층을 확보하고자 다양한 시도를 진행하고 있다.

이러한 시도에도 불구하고 버추얼 아이돌에 대한 대중의 반응은 놀라움과 현실성 부족, 불쾌한 골짜기 등의 부정적인 시선이 여전히 존재한다. 이를 완화하기 위해 버추얼 아이돌 메이브와 나이비스 등은 비주얼, 움직임, 실력을 더욱 완벽하게 하려고 노력을 기울이고 있다. 그뿐만 아니라 주류 문화로 자리 잡기 위해 가상현실, 확장현실, 증강현실, 인공지능 등의 기술을 고도화하고, 그들이 지닌 독창적인 세계관 스토리텔링을 강화하며 글로벌 팬덤 형성에 주력하고 있다. 앞선 노력이 향후 K-pop 전반에 걸쳐 경쟁력을 형성하여 K-pop 공연에서 버추얼 아이돌의 존재가 자연스럽게 받아들여질 가능성을 제시하고 있다.

ChatGPT 추천 요약본

가상현실에서의 K-pop 혁신: 버추얼 아이돌의 진화와 성장

코로나19로 비대면이 일상화되면서 메타버스와 K-콘텐츠가 급부상하여 가상현실에서 활동하는 버추얼 아이돌이 주목받고 있다. 신기술을 활용해 가상세계에서 K-pop 공연을 진행하고, 버추얼 유튜버와 버추얼 스트리머 등도 등장했다. 초기 버추얼 아이돌은 게임 캐릭터에서 비롯되었으며, 이세돌 같은 새로운 형태의 버추얼 아이돌이 대중적으로 성공을 거두고 있다. 이들은 다양한 기술과 세계관 스토리텔링을 통해 성장하고 있으며, 글로벌 팬덤을 형성하여 K-pop 문화의 새로운 차원을 제시하고 있다.

10 인공지능 열풍 속 K-pop의 기대와 우려

    인공지능은 음악 산업의 게임체인저^{Game Changer}로 떠오르고 있으며, K-pop에 다양한 형태로 스며들고 있다. AI 기술로 제작한 버추얼 아이돌, 버추얼 가수, 버추얼 아티스트 등을 비롯해 인공지능 기술을 이용한 음원 제작, AI 커버곡 등이 본격화되고 있다. 이처럼 음악과 인공지능 기술 융합이 점차 고도화되면서 인공지능이

K-pop 시장에 어떠한 영향을 미칠지 이목이 쏠리고 있다.

1) 버추얼 아이돌과 아티스트

'가요계에서 활동하는 기술이 만든 장르'로 일컬어지는 버추얼 휴먼에 대해 살펴보면, 게임 회사로 잘 알려진 넷마블의 자회사인 메타버스엔터테인먼트와 카카오엔터테인먼트가 함께 제작한 버추얼 아이돌 메이브, SM엔터테인먼트가 제작한 버추얼 아티스트 나이비스, 펄스나인이 인공지능 기술로 구현한 버추얼 걸그룹 이터니티 등이 있다.

이터니티의 멤버 제인은 YTN 〈뉴스라이더〉 생방송에 출연하여 화제를 모았고, 메이브와 나이비스는 더욱 완벽한 비주얼에 움직임과 실력을 갖추고, 주류문화로 자리 잡기 위해 인공지능 기술의 고도화뿐만 아니라 그들이 지닌 스토리텔링을 강화하고 있으며, 팬덤을 형성하는 데 주력하고 있다. 이러한 시도들이 K-pop 전반에 걸쳐 탄탄한 경쟁력을 형성하고 있다.

2) AI 기반 음원 제작

AI 기술을 적용한 음원 제작 사례를 살펴보면, 2023년 5월 15일 하이브HYBE는 '미드낫MIDNATT'이라는 아티스트 공개와 함께 신곡 〈마스커레이드Masquerade〉를 발표했다. 미드낫은 그룹 에이트 및 옴므 출신의 발라드 가수 이현으로, 자신의 노래에 인공지능 기반 '보이스 디자이닝 기술'과 '다국어 발음교정 기술' 등을 적용했다.

인공지능 기반 보이스 디자이닝 기술은 실제 가수의 목소리를 베이스로 새로운 음색을 제작해 음원에 최적화된 보이스를 디자인하는 방식으로, 다양한 음색을 선보일 수 있다. 미드낫(이현)의 목소리에 인공지능 기반 보이스 디자이닝 기술을 적용해 여성의 음색으로 구현하여 미드낫과 어울리는 최적의 여성 목소리를 생성했다.

그리고 인공지능 기반 다국어 발음교정 기술은 아티스트가 외국어로 가창한 데이터 원본을 원어민의 발음으로 교정해주며, 인공지능이 학습한 원어민의 발음을 아티스트 가창 데이터에 적용해 자연스러운 발음을 구사하는 기술이다. 이 기술을 활용해 미드낫의 신곡 〈마스커레이드〉를 한국어, 영어, 스페인어, 일본어, 중국어, 베트남어 6개 언어로 발매했다.

미드낫의 음원은 K-pop 확장의 길을 아티스트 및 팬덤 산업뿐 아니라 기술에서 찾는 새로운 시도라고 할 수 있다. 실상 언어적 장벽으로 인해 글로벌 음반시장에서 K-pop의 매출 점유율은 약 2%에 머물러 있었고, 비영어권 아티스트들의 해외 진출 장벽으로 작용했는데, 음원 제작에 인공지능 기술의 도입은 음악 산업과 K-pop 시장에 새로운 가능성을 제시하고 있다.

3) 인공지능을 활용한 작곡과 편곡

인공지능 기술은 작곡과 편곡에도 활용되었는데, 지니뮤직은 인공지능 스타트업 '주스'의 기술을 기반으로 가수 테이의 히트곡 〈같은 베개〉를 편곡해 오디오 드라마 〈어서 오세요, 휴남동 서점입니다〉의 OST를 제작했다. 이 과정에는 인공지능이 노래를 듣고 음정의 길이와 멜로디를 파악해 디지털 악보로 구현하는 기술이 적용되었다. 그뿐만 아니라 〈어서 오세요, 휴남동 서점입니다〉에는 주연 배우를 포함해 총 19명의 출연진이 등장하는데, 이 중 8명의 배역은 인공지능 보이스가 연기했다.

4) 인공지능을 활용한 고인의 목소리 복원 및 AI 커버

아티스트의 목소리를 인공지능이 학습해 음원을 무제한으로 생산하는 것이 가능해졌다. 즉, 세상을 떠난 아티스트의 목소리를 구현해내거나 다른 가수의 곡을 커버할 수 있다는 것이다. 예를 들어, 국내에서는 고인이 된 가수 김광석·김현식·유재하·임윤택·터틀맨 등의 목소리 및 모습을 인공지능 기술로 복원했으며, 해외에서는 마이클 잭슨Michael Jackson의 목소리를 학습한 인공지능이 브루노 마스Bruno Mars의 히트곡 〈When I was your man〉을 커버해 전 세계적으로 화제를 모았다. 또한 브루노 마스의 목소리를 학습한 인공지능이 뉴진스NewJeans의 〈Hype boy〉를 커버했고, 프레디 머큐리Freddie Mercury의 목소리를 학습한 인공지능이 커버한 자이언티Zion.T의 〈양화대교〉 등이 있다. 국내에서는 비비BIBI의 〈밤양갱〉 음원을 박명수, 오혁, 양희은, 악동뮤지션 수현의 목소리를 학습시킨 AI 커버곡이 주목받았다.

반면, 2023년 4월 고스트라이터977(@ghostwriter977/TikTok)이라는 이름의 네티즌이 인공지능 기술로 위켄드The Weeknd와 드레이크Drake의 목소리를 구현해 신곡 〈Heart on my Sleeve〉를 발표했는데, 음원 유통까지 시키면서 논란을 불러일으켰다. 이는 인공지능 기술이 만든 가짜 음원이었기에 두 가수의 소속사인 유니버설뮤직UMG,

Universal Music Group의 문제 제기로 음악 이용과 유통이 차단되었다. 이 사건을 계기로 생성형 인공지능의 음원 저작권, 목소리 퍼블리시티권 등 저작권 침해 논란과 법·제도 정비 필요성이 강하게 대두되고 있다.

이처럼 인공지능 기술의 발전은 K-pop 산업에 새로운 가능성을 열어주고 있다. 알고리즘을 통한 음악 생성, 무대 퍼포먼스의 개선, 그리고 팬과의 상호작용 등 다양한 영역에서 인공지능 기술이 활용되고 있다. 이러한 발전은 K-pop의 창작과 제작 과정을 변화시키고, 새로운 시너지를 만들어내며, 팬들과의 연결을 강화하는 등 다양한 기대를 모으고 있다.

인공지능을 활용한 음악 생성은 작사, 작곡, 편곡 등의 과정에서 창작자들에게 새로운 아이디어를 제공한다. 인공지능 기술은 대규모 데이터를 기반으로 한다는 특성을 활용하여 다양한 음악 스타일과 장르를 분석하고 학습함으로써 창작자들에게 창의적인 영감을 줄 수 있다. 이는 K-pop 산업에 다양성과 참신한 변화를 촉진할 기회를 제공한다.

또한, 인공지능 기술은 무대 공연의 품질과 효율성을 향상할 수 있다. 예를 들어, 무대 레이아웃 및 조명 설정, 무대 퍼포먼스의 분석과 개선, 그리고 리허설 과정의 최적화 등에 인공지능 기술을 적용함으로써 더욱 완벽한 공연을 구현할 수 있다. 이는 K-pop 그룹들의 무대 퍼포먼스의 품질을 향상하고, 팬들에게 더욱 흥미로운 경험을 제공할 수 있다.

하지만 인공지능 기술의 활용은 우려도 동반한다. 가장 큰 우려는 창작 과정에서 인간의 역할이 줄어들고, 음악의 창작성과 예술성이 희석될 수 있다는 점이다. 인공지능은 대규모 데이터를 학습하여 다양한 음악 스타일과 장르를 분석하고 새로운 음악을 생성할 수 있지만, 창작자들의 독창성을 제약할 가능성이 있다. 예술작품은 인간의 감정과 경험을 반영하는데, AI가 생성하는 음악은 이러한 깊이를 충분히 담아내지 못할 수 있다. 이에 따라 인공지능에 의해 생성된 음악이 기존의 음악과 유사성을 띠면서 창작자들의 독창성을 제약할 수 있으며, 음악 산업의 다양성이 감소할 위험이 있다.

또한, 인공지능 기술이 무대 퍼포먼스나 음악 제작 과정에서 인간의 노동을 대체하면서 일자리 감소와 노동시장의 변화를 일으킬 수 있다. 특히, 인공지능이 무대 레이아웃 설정, 조명 설정, 퍼포먼스 분석, 리허설 최적화 등에 활용되면 기술적인 노동을 담당하는 직업군이 위협받을 수 있다. 이는 음악 산업 종사자들에게 큰 영향을 미칠 것으로 예상되며, 새로운 기술에 적응하지 못할 경우 일자리 상실로 이어질 수 있다.

인공지능 기술이 음악계를 급격하게 바꾸고 있는 것은 자명하다. 이제는 인공지능이 단순히 특정인의 목소리를 학습하는 수준을 넘어서 작곡·작사·편곡 등 음악 산업 대부분에 걸쳐 유용한 도구로 떠오르고 있기 때문이다. 이에 대중음악 전문가들은 음악 산업, K-pop 시장에서 인공지능 기술로 인해 폭넓은 음악 향유가 가능하다는 측면에서 장점이 있지만, 아티스트 고유의 특색 있는 목소리가 보편화되고, 생성형 인공지능 저작권이 있는 곡의 가사와 멜로

디를 무단 추출하는 행위 등으로 아티스트 보호·저작권 문제 등이 발생하여 업계 전체의 패러다임이 바뀔 수도 있으며, 법적·윤리적 책임이 시급함을 입 모아 강조하고 있다.

  따라서 창작자들의 창의성과 예술성을 존중하면서 인공지능 기술을 활용하는 방안을 모색해야 하며, 이를 위해 적절한 규제와 기준이 필요하다. 이러한 노력을 통해 K-pop 산업은 더욱 다양하고 독창적인 방향으로 발전할 수 있을 것이다. 인공지능 기술을 통해 창작과 제작 과정이 변화하고 새로운 시너지를 만들어내며 팬들과의 연결을 강화하는 긍정적인 변화를 기대할 수 있지만, 한편으로 인간 중심의 음악 산업 발전을 지원하고 창작자들의 창의성과 예술성을 존중하는 노력이 필요하다.

ChatGPT 추천 요약본

인공지능 기술이 가져올 K-pop의 미래:
버추얼 아티스트부터 인공지능 음원 제작까지

인공지능은 K-pop 산업에 큰 변화를 일으키고 있다. 버추얼 아이돌, 인공지능 기반 음원 제작, 인공지능 작곡 및 편곡이 활성화되며 새로운 가능성을 열고 있다. 그러나 인공지능의 발전은 창작 과정에서 인간의 역할 감소, 예술성의 희석, 저작권 문제 등의 우려도 동반한다. 따라서 창작자들의 예술성을 존중하면서 AI를 활용할 수 있는 규제와 가이드라인이 필요하다.

11 버추얼 아이돌의 등장과 K-pop 공연 가능성

버추얼 아이돌 '이터니티'

버추얼 아이돌Virtual Idol은 컴퓨터그래픽과 인공지능 기술을 활용해 만든 가상의 엔터테이너로, 현실에는 존재하지 않지만 실제 아이돌처럼 노래하고 춤추며 팬들과 소통할 수 있는 존재라 할 수 있다.

이러한 버추얼 아이돌의 주요 특징을 살펴보면, 고해상도의 3D 모델링, 모션 캡처, 음성 합성, 인공지능 기반 상호작용 기술 등을 통해 현실감 있게 표현된다. 먼저, 핵심 기술 중 하나인 고품질의 3D

모델링과 애니메이션을 통해 버추얼 아이돌은 매우 현실감 있는 캐릭터로 구현되며, 독특한 외모와 매력을 발산할 수 있다. 3D 모델링은 캐릭터의 형태와 질감을 세밀하게 표현할 수 있도록 돕고, 고해상도 텍스처와 정교한 디테일은 캐릭터의 생동감을 더해준다. 또한 애니메이션 기술을 통해 캐릭터의 움직임과 표정을 자연스럽게 표현함으로써 팬들에게 시각적으로 만족스러운 경험을 제공한다.

다음으로 모션 캡처 기술은 버추얼 아이돌의 생동감 있는 동작을 구현하는 데 중요한 역할을 하는데, 실제 배우나 댄서의 움직임을 캡처하여 디지털 캐릭터에 적용함으로써 자연스럽고 현실적인 동작을 재현한다. 공연의 질감을 높이는 중요한 요소로, 팬들은 마치 실제 무대에서 공연하는 듯한 느낌을 받기도 한다. 모션 캡처를 통해 버추얼 아이돌은 더욱 다채로운 퍼포먼스를 선보일 수 있으며, 이는 공연의 몰입감을 극대화할 수 있다.

인공지능 기술은 버추얼 아이돌과 팬들 간의 상호작용을 개선하는 데 중요한 역할을 한다. 음성인식 기술을 통해 팬들의 말을 정확하게 이해하고 응답할 수 있으며, 자연어 처리 기술을 통해 더욱 자연스럽고 원활한 대화를 가능하게 한다. 또한, 인공지능 기술을 활용해 버추얼 아이돌의 다양한 감정을 전달할 수 있어 팬들과의 소통이 더욱더 인간적이고 감동적으로 느껴지게 할 수도 있다. 이러한 인공지능 기술들은 버추얼 아이돌을 더욱 실감 나고 인간적으로 느껴지게 하여 팬들과의 친밀감을 높인다.

버추얼 아이돌은 컴퓨터그래픽, 모션 캡처, 인공지능 기술 등 다양한 첨단 기술을 결합하여 독특하고 매력적인 캐릭터를 구현한다. 고품질의 3D 모델링과 애니메이션은 현실감 있는 비주얼을 제공하며, 모션 캡처는 실제 배우나 댄서의 움직임을 캡처하여 생동감 있는 동작을 구현하고 보컬로이드vocaloid 같은 음성 합성 기술을 사용해 노래를 부르며, 텍스트 음성 변환TTS을 통해 대화할 수 있게 한다. 그리고 인공지능 기술을 활용해 음성인식, 자연어 처리 및 감정 분석을 통해 팬들과의 실시간 상호작용을 가능케 한다. 이러한 기술적 기반은 버추얼 아이돌이 전통적인 엔터테인먼트 산업에 새로운 바람을 불어넣고, 팬들에게 몰입감 있는 경험을 제공한다.

버추얼 아이돌의 활동 영역은 다양한데, 앨범을 발매하거나 가상 콘서트나 라이브 스트리밍을 통해 공연을 선보이며, 소셜미디어에서 콘텐츠를 제작하여 팬들과 소통하기도 한다. 또한 브랜드와의 협업을 통해 광고모델로 활동하거나 다양한 콘텐츠와 컬래버레이션collaboration을 진행하며, 게임 캐릭터나 애니메이션의 주인공으로 등장하여 팬들에게 다양한 스토리와 세계관을 제공한다.

버추얼 아이돌 및 버추얼 가수의 대표적인 사례를 살펴보면 다음과 같다. 먼저, 버추얼 아이돌의 선구자로 하츠네 미쿠Hatsune Miku를 들 수 있다. 하츠네 미쿠는 일본의 보컬로이드 소프트웨어에서 탄생했는데, 야마하의 보컬로이드 음성 합성 기술을 사용하여 크립톤 퓨처 미디어Crypton Future Media에서 개발했다. 음악 프로듀서와 팬들이 만들어낸 노래를 부르는 가상의 가수로, 2007년 8월에 처음 출시되었다.

하츠네 미쿠의 파란색 트윈테일과 미래지향적인 의상은 그녀만의 독특한 비주얼 아이덴티티Visual Identity로 알려져 있다. 또한 하츠네 미쿠의 목소리는 일본 성우 후지타 사키藤田咲의 샘플링 음성을 바탕으로 제작되었으며, 보컬로이드 소프트웨어에 멜로디와 가사를 입력하여 노래를 부르게 할 수 있다.

하츠네 미쿠의 인기는 팬들에 의해 만들어진 콘텐츠 덕분에 급상승했다. 전 세계의 음악 프로듀서, 일러스트레이터, 애니메이터 등이 하츠네 미쿠를 소재로 다양한 창작물을 만들어 공유했고, 이러한 팬 주도의 창작 문화는 하츠네 미쿠의 글로벌한 인기를 견인했다.

하츠네 미쿠는 홀로그램 기술을 사용한 라이브 콘서트를 통해 버추얼 아이돌이 실제 공연을 펼치는 독특한 경험을 제공했고, 전 세계에서 열리며 많은 팬에게 큰 인기를 끌고 있다. 또한 단순한 소프트웨어 캐릭터를 넘어 현대 대중문화에 큰 영향을 미쳤는데, 보컬로이드 문화의 중심에 있는 그녀는 음악 산업, 팬 창작물 문화, 가상현실과 증강현실 기술의 발전 등 여러 방면에서 중요한 역할을 하고 있다.

키즈나 아이Kizuna AI는 일본의 인기 버튜버로, 2016년 12월 1일 유튜브 채널 'A.I.Channel'을 통해 데뷔했다. 그녀는 버추얼 유튜버 산업의 선구자 중 한 명으로 꼽히며, 여러 기업과의 컬래버레이션, TV 프로그램 출연, 음반 발매 등 다양한 활동으로 인기를 끌고 있다.

키즈나 아이는 일본어로 '인연'을 의미하는 '키즈나'와 '사랑'을 의미하는 '아이'로 이루어진 이름으로, 팬들과의 연결을 중요시한다는 뜻을 담고 있다. 키즈나 아이는 독특한 디자인과 밝은 성격으로 많은 팬에게 사랑받고 있으며, 게임 플레이, 토크쇼, 노래, 다양한 챌린지 등을 주제로 한 비디오를 제작하고 있다.

키즈나 아이의 특징을 살펴보면, 3D 애니메이션 기술을 활용하여 제작되었으며, 이를 통해 현실감 있는 움직임과 다양한 표정을 구현했다. 그리고 'Kizuna AI'라는 이름에서도 알 수 있듯이 인공지능이라는 콘셉트를 가지고 있으며, 이를 바탕으로 다양한 콘텐츠를 제작하고 있다.

키즈나 아이는 게임 플레이 영상, 라이브 스트리밍, 노래, 춤, 팬과의 소통을 위한 Q&A 등 다양한 콘텐츠를 제공하며, 일본뿐만 아니라 전 세계적으로 많은 팬을 보유하고 있고, 영어 자막을 제공하는 등 글로벌 팬들과의 소통에도 힘쓰고 있다. 키즈나 아이는 버추얼 유튜버 산업의 발전과 함께 많은 후속 버추얼 유튜버들에게 영감을 주었으며, 현재도 활발하게 활동 중이다.

플레이브PLAVE는 우리나라의 버추얼 아이돌로 K-pop 분야에서 주목받고 있다. 현실의 연예인과 가상세계의 캐릭터를 결합한 콘셉트로, 디지털 기술과 음악 산업의 융합을 통해 새로운 형태의 아이돌 문화를 선보이고 있다. 이 그룹은 가상현실, 증강현실, 인공지능 등의 첨단 기술을 활용하여 팬들과 소통하며, 가상의 멤버들이 실제 아이돌처럼 활동하는 점이 특징으로 알려져 있다.

플레이브의 특징을 살펴보면, 플레이브의 멤버들은 완전히 디지털로 만들어진 캐릭터로, 현실의 아이돌처럼 춤을 추고 노래하며 팬들과 소통한다는 것이다. 이는 3D 모델링과 애니메이션 기술을 활용하여 가능해졌고, 가상현실, 증강현실, 인공지능 등의 기술을 활용하여 팬들과의 소통을 강화하고, 현실과 가상세계를 넘나드는 다양한 콘텐츠를 제공한다.

플레이브는 음악, 뮤직비디오, 라이브 공연, 팬미팅 등 다양한 콘텐츠를 제작하여 팬들에게 제공하며, 이를 통해 새로운 형태의 팬 경험을 창출하고 있다. 전 세계의 팬들과 소통하기 위해 다양한 언어로 콘텐츠를 제공하며, 온라인 플랫폼을 통해 글로벌 팬들에게 다가가고 있다. 플레이브 같은 버추얼 아이돌 그룹이 기존의 아이돌 산업에 새로운 바람을 불러일으키고 있으며, 기술과 문화의 융합을 통해 K-pop의 새로운 가능성을 탐구하고 있다.

버추얼 아이돌의 형태 및 활동이 확장되면서 학계에서도 다양한 연구가 이루어지고 있다. 연구에 따르면, 버추얼 아이돌의 성공적인 공연과 지속적인 인기를 위해서는 관객의 몰입감을 높이는 것이 중요한데, 이를 위해 상업성을 최소화하고, 다양한 콘텐츠와 스토리텔링을 통해 팬들과의 상호작용을 강화하며, 매력적이고 인간적인 특성을 강화하는 전략이 필요하다. 또한, 물리적 환경을 차별화하여 새로운 형식의 공연을 기획함으로써 팬들에게 독특한 경험을 제공할 수 있는 요소도 중요하다. 이러한 전략적 접근은 버추얼 아이돌이 엔터테인먼트 산업에서 지속해서 성장하는 데 중요한 역할을 할 것이다.

그뿐만 아니라, 버추얼 아이돌은 팬덤 문화에도 변화를 일으키고 있다. 팬들과 긴밀하고 활발한 소통을 통해 더 깊이 몰입할 수 있는 팬덤 문화를 형성하고 있다. 성별, 인종, 나이 등의 제한이 없으므로 더욱 다양한 캐릭터를 창조할 수 있으며, 다양한 정체성을 가진 팬들에게 새로운 경험과 공감을 제공할 수 있다.

마지막으로 버추얼 아이돌은 전통적인 아이돌 산업에 신선한 바람을 불어넣으며 엔터테인먼트 산업과 팬덤 문화의 변화를 이끌고 있다. 앞으로도 다양한 산업과 기술의 융합을 통해 더욱 다채로운 형태로 발전할 것이다. 이러한 기술적 기반과 사회문화적 영향을 통해 버추얼 아이돌은 엔터테인먼트 산업의 미래를 주도하며, 팬들에게 몰입감 있는 경험을 제공하게 될 것이다.

ChatGPT 추천 요약본

버추얼 아이돌: 디지털 기술을 통해 이루어지는 새로운 형태의 엔터테인먼트

버추얼 아이돌은 최첨단 기술인 고해상도 3D 모델링, 모션 캡처, AI 기술을 접목하여 탄생한 가상의 엔터테이너로, 현실에서는 불가능한 창의적인 캐릭터와 활동을 통해 팬들에게 새로운 형태의 엔터테인먼트를 선사한다. 이들은 공연과 노래뿐만 아니라 소셜미디어 플랫폼에서도 활발히 활동하며, AI 기반 상호작용을 통해 팬들과 직접 소통하고 공감대를 형성한다. 버추얼 아이돌은 기술 발전과 창의적인 콘텐츠 제작을 통해 엔터테인먼트 산업의 새로운 가능성을 모색하며, 글로벌 팬덤과의 연결을 강화한다.

12 버추얼 아이돌 플레이브와 K-pop 공연의 변화

    2024년 3월 9일 버추얼 아이돌 플레이브가 MBC 〈쇼! 음악중심〉에서 1위에 등극하면서, 새로운 엔터테인먼트 형태를 보여주었다. 사실 버추얼 아이돌에 대한 일부 사람들의 인식은 오타쿠 문화의 하나로 여기는 경향이 있었고, 전통적인 대중음악이나 K-pop과는 다른, 일종의 마이너 또는 서브컬처Subculture로 여겼기 때문에

버추얼 아이돌의 지상파 방송 1위는 단순한 음악 산업의 이벤트를 넘어 문화와 기술이 어떻게 상호작용하며 가치를 창출해내는지에 대한 변화를 여실히 보여주고 있다.

국내 버추얼 아이돌인 이세계아이돌, 메이브, 플레이브 등은 독특한 성장세를 보이고 있으나, 이들이 대중음악의 주류 문화로 자리 잡기 위해서는 추가적인 노력과 전략이 필요하다. 기술적 발전을 통한 현실성 강화, 강력한 스토리텔링과 캐릭터 개발, 그리고 팬덤과의 밀접한 소통을 통해 이러한 도전 과제들을 극복할 수 있을 것이다. 버추얼 아이돌 산업은 점점 더 주목받고 있지만, K-pop 같은 주류 문화로 진입하기 위해서는 여전히 엄청난 노력과 시간이 필요한 시점에 있다고 볼 수 있다.

버추얼 아이돌 그룹 플레이브가 지상파 방송 1위를 차지한 사건은 K-pop 산업의 성장과 가능성을 확실히 보여주는 사례다. 그런데 버추얼 아이돌에 대한 대중의 반응은 다양하고도 복잡하게 나타났다. 대중은 버추얼 아이돌에 대해 놀라움과 신선함 같은 긍정적인 반응을 보였지만, 그와 동시에 현실성 부족이나 '불쾌한 골짜기' 같은 부정적인 시각도 존재했다.

버추얼 아이돌을 대표할 수 있는 플레이브의 매력을 살펴보면, K-pop 산업에서 주목받고 있는 이유를 설명할 수 있다. 그들의 매력은 독특한 세계관과 깊이 있는 스토리텔링, 팬들과의 강력한 소통 방식, 그리고 음악적인 진정성 등으로 볼 수 있다.

상세히 살펴보면, 플레이브만의 독특한 세계관과 스토리텔링이 존재한다는 것이다. 플레이브의 세계관은 카엘룸(가상세계), 아스테룸(중간계), 테라(지구)로 구성되어 있는데, 가상세계 카엘룸에서 아스테룸으로 이동하여 테라와 소통하는 형태를 보여주고 있다. 이러한 과정에서 팬들은 그들의 세계관을 궁금해하며 스토리를 형성하고 있다. 그리고 플레이브는 가상세계 속 아이돌이지만, 그들에게도 나름의 성장 서사가 존재한다. 플레이브가 처음 시도한 라이브 콘텐츠 시청자는 약 30명이었는데, 콘서트 대관 시 버추얼 아이돌이라는 이유로 대관해주지 않았다는 스토리 등이 이미 알려져 있다. 이렇게 열악한 환경에서 성장한 스토리텔링은 팬덤이 열광할법한 성장 서사를 구축하고 있으며, 기존 K-pop 아이돌 그룹의 성장 과정과 매우 흡사한 스토리텔링을 보여주고 있다.

다음으로 플레이브는 라이브 스트리밍을 통해 팬들과의 접점을 확대하고 있다. 데뷔 전부터 유튜브 라이브 방송을 통해 일반 아이돌과 다름없는 연습생 생활을 보내며 호기심을 자극했고, 데뷔 이후에도 유튜브에서 주 2회 정도 꾸준히 라이브 방송을 진행하여 인터넷 방송과 아이돌을 결합한 새로운 유형의 소통 방식으로 진정성을 확보하며 팬덤을 확장했다. 그 결과 플레이브의 공식 팬덤 '플리PLLI'가 형성되었고, 2024년 더현대서울에서 열린 팝업스토어에서 굿즈 품절 현상 및 현실 팬덤 저력을 보여주었다. 또한 버추얼 아이돌의 본업과 본질은 결국 음악에서 비롯된다. 플레이브는 포화 상태인 아이돌 시장에서 작사, 작곡, 안무 등 앨범 제작의 전 과정에 참여하여 자체 제작이라는 타이틀로 희소성을 얻고 있다. 이처럼 그들의 본업을 잘 해내고 있는 모습과 다양한 매력으로 버추얼 아이돌은 새로운 형태의 엔터테인먼트를 제시하고 있다.

버추얼 아이돌 관련 연구 결과, 대부분 대중은 버추얼 아이돌이 실존하지 않는 가상의 인물이라는 점을 인지하고 있었다. 그렇기 때문에 버추얼 아이돌의 활동 시 발생하는 오류나 오프라인에서의 직접적인 만남에 대한 이슈는 한계보다는 오히려 그들만이 가진 장점이라고 여겨진다. 플레이브의 경우, 실제로 멤버들이 가상의 인물이기 때문에 스트리밍 과정에서 버퍼링이 걸리거나 형태가 흐트러지는 등의 오류가 발생하곤 했는데, 이러한 오류 영상들이 오히려 인기를 끌었고, 팬들은 그 상황 속에서 플레이브 멤버들이 대처하는 모습이 '입덕 포인트'였다고 얘기하고 있다.

　　이렇게 버추얼 아이돌의 등장이 K-pop을 즐기는 새로운 방식으로 자리 잡아가고 가운데, 앞서 언급한 버추얼 아이돌의 강점은 물리적 제약이 적어서 아티스트들이 자유롭게 캐릭터를 설정하고 다양한 스토리와 콘텐츠를 제작할 수 있다는 점이다. 이는 팬들에게 더 깊이 참여하고 공감할 기회를 제공하며, 새로운 형태의 팬 경험을 만들어내기도 한다. 반면, 버추얼 아이돌이 지닌 단점은 그들 자체보다는 수용자에서 찾을 수 있다고 본다. 버추얼 아이돌은 실존하지 않는 가상의 존재이기 때문에 그들의 '본체'를 알아내고 싶은 대중이나 수용자의 호기심과 심리가 자연스러운 반응일 수 있으나 그들의 확장에는 걸림돌이 되고 있다.

　　왜냐하면, 버추얼 아이돌의 매력은 그들만의 세계관과 스토리다. 실제 인간이 아닌 가상 캐릭터로서 그들의 매체는 디지털 환경에 머무른다. 버추얼 아이돌의 스토리와 음악, 그들이 형성하는 팬과의 연결은 '가상'이라는 특성을 통해 가능한데, 본체를 공개하게 되면 이러한 가상의 매력이 상실될 수 있다. 그리고 버추얼 아이돌은 특정 기술을 사용해 가상세계에서 활동한다. 그런데 실제 인간이라는 사실이 드러나면, 그들의 활동이 얼마나 실제적이고 현실적인지에 대한 의문이 생길 수 있다.

예를 들어, 플레이브, 이세계아이돌 등은 모두 본체가 있는 것으로 알려져 있다. 버추얼 아이돌의 실제 인간 본체는 특수 장비를 착용한 후 각 캐릭터의 특성에 따라 말하고, 노래하고, 춤을 추고, 움직이며, 트래킹, 모션 캡처 등의 기술을 통해 본체의 행동이 실시간으로 반영되기 때문에 유튜브 라이브 방송, 팬과의 실시간 소통도 가능하다. 하지만 플레이브, 이세계아이돌 등과 같이 캐릭터 뒤에 본체가 존재하는 경우, 본체를 향한 주목과 관심은 버추얼 아이돌의 핵심 요소인 그들만의 세계관, 스토리텔링을 형성하는 데 저해 요소가 될 것이다.

버추얼 아이돌은 현재 엔터테인먼트 산업에서 중요한 역할을 하고 있으며, 그들의 세계관과 스토리텔링 설정은 성공적인 팬덤 형성과 주류 문화로 자리 잡는 데 중요한 요소다. 이로 인해 나타나는 몇 가지 주요 사회문화적 영향이 있다.

첫째, 버추얼 아이돌은 디지털 기술의 발전을 활용하여 비교적 낮은 비용과 쉬운 리스크 관리로 새로운 스타를 탄생시킬 수 있다. 이는 음악, 영화, 게임 등 다양한 분야에서 창의적인 콘텐츠 생산 방식을 촉진하며, 새로운 아티스트들이 발굴되고 시장에 도전할 기회를 제공한다.

둘째, 버추얼 아이돌은 실시간 스트리밍, 소셜미디어를 통해 팬들과 직접적이고 긴밀한 상호작용을 형성한다. 이는 팬들의 충성도를 높이고, 커뮤니티의 결속력을 강화하는 중요한 요소가 된다. 팬들은 자신이 지지하는 아이돌과의 상호작용을 통해 더욱 깊은 경험을 할 수 있으며, 이는 아티스트와 팬 사이의 관계를 새롭게 정의할 수 있다.

셋째, 버추얼 아이돌은 가상의 캐릭터로서 성별, 인종, 나이 등의 제약을 넘어서는 정체성을 가질 수 있다. 이는 다양성과 포용성을 증진하며, 사회적인 다양성에 대한 이해를 넓히는 기회를 제공한다. 이로써 더욱 포괄적이고 개방적인 사회문화를 형성할 수 있을 것이다.

넷째, 버추얼 아이돌은 굿즈 판매, 콘서트 티켓, 스트리밍 수익, 광고 등 다양한 수익 모델을 통해 새로운 경제적 기회를 제공한다. 이는 엔터테인먼트 산업의 성장을 촉진하며, 관련 산업의 발전을 촉발할 것이다.

이러한 영향력을 지닌 버추얼 아이돌이 주류 문화로 자리 잡기 위해서는 지속적인 노력과 시도를 계속해나가야 한다. 문화와 기술의 융합을 통해 만들어진 이 새로운 형태의 엔터테인먼트 콘텐츠는 앞으로도 지속적인 가능성과 변화를 끌어내며, 대중음악 및 공연산업 전반에서 더욱 탄탄한 경쟁력을 확립할 것으로 기대한다.

ChatGPT 추천 요약본

가상과 현실의 융합: 버추얼 아이돌 플레이브의 성장과 가능성

2024년 3월 9일 MBC 〈쇼! 음악중심〉에서 1위를 차지한 버추얼 아이돌 그룹 플레이브는 K-pop 산업의 가능성을 보여주었다. 그들은 혁신적인 가상 세계관과 강력한 스토리텔링을 통해 확장된 팬덤을 형성하고 있으나, 현실성 부족과 오타쿠 문화와의 연관성에 대한 일부 부정적 시각도 존재한다. 플레이브는 가상세계 카엘룸에서 시작해 아스테룸과 테라를 넘나들며 팬들과의 직접적인 소통을 강화하며 차별화된 위치를 확보하고 있다. 이들은 기술적 발전과 팬과의 긴밀한 상호작용을 통해 엔터테인먼트 산업에서 중요한 존재로 자리매김하고 있으며, 다양성과 포용성을 강조하며 새로운 경제적 기회를 제공하고 있다.

미주

1   메타버스 관련 언론 기사를 바탕으로 워드 클라우드를 생성했다. 워드 클라우드는 해당 주제에 대한 주요 키워드와 빈도를 시각적으로 표현한 것을 의미한다.

2   이명천·황서이(2021). 〈언어 네트워크 분석을 활용한 'Virtual Human'의 의미변화 연구: 코로나 19 상황을 중심으로〉. 《디지털콘텐츠학회논문지》 22(2), 2039-2047.

3   황서이·이명천(2021). 〈텍스트 마이닝을 활용한 광고 모델로서의 '가상 인플루언서' 인식변화 분석: 언론미디어와 소셜미디어를 중심으로〉. 《한국광고홍보학보》 23(4), 265-299.

4   1980년대 초에서 2000년대 초까지 출생한 밀레니얼세대와 1990년대 중반에서 2000년대 초반에 출생한 Z세대를 통칭하는 말이다. 디지털 환경에 익숙하고, 최신 트렌드 및 남과 다른 이색적인 경험을 추구하는 특징을 보인다(출처: 네이버 시사상식사전).

5   1990년대 중반에서 2000년대 초반에 걸쳐 태어난 젊은 세대를 이르는 말로, 어릴 때부터 디지털 환경에서 자란 '디지털 네이티브(디지털 원주민)' 세대라는 특징이 있다(출처: 네이버 시사상식사전). Z세대는 디지털 환경에서 활동하는 인플루언서들에게 친밀감을 느끼고, 이들과의 상호작용을 통해 소비 결정을 내리는 경향이 있다.

6   실용재는 실용적 제품으로 제품의 성능과 기능이 제품 선택에 주요한 영향을 미치는 제품 유형으로, 제품 사용이 소비자에게 실용적 이익을 가져다줄 수 있는 제품들이 포함되어 있다. 쾌락재는 쾌락적 제품으로 즐거움, 행복 등 정서적 만족을 줄 수 있는 제품을 의미한다. 일반적으로 스마트폰이나 노트북 등 기능과 성능이 중요한 제품을 실용재, 향수나 향초 등 소비자의 감각 및 정서적 욕구를 충족시켜주는 제품을 쾌락재로 분류할 수 있다. 하지만 같은 제품이라도 어떻게 홍보하느냐에 따라 소비자가 지각하는 제품 유형이 다르게 나타날 수 있다.

7   태어나면서부터 디지털 기기에 둘러싸여 성장한 세대. 통상 1980~2000년 사이에 태어난 세대를 일컫는다(출처: 네이버 시사상식사전).

8   어려서부터 기술적 진보를 경험하며 자라나는 세대로, 2010년 이후 태어난 이
     들을 지칭한다. 이들 세대는 스마트폰과 사회관계망서비스(SNS)가 대중화된
     시기에 태어나 디지털 문화에 익숙하다는 특징이 있다(출처: 네이버 시사상식
     사전).

9   1990년대 중반에서 2000년대 초반에 태어난 Z세대와 2010년대 초반 이후에
     태어난 알파세대를 합친 신조어다. 잘파세대는 스마트폰의 대중화로 디지털
     기기에 익숙한 환경에서 성장했기에 어떤 세대보다 최신 기술을 아주 빠르게
     받아들이고 활용한다는 특징이 있다(출처: 네이버 시사상식사전).

참고문헌

김나연·권정주·류현준·이상길·이현명(2021). 《친절한 트렌드 뒷담화 2021》. 파주: 싱긋.

김병묵(2021, August 27). "스마일게이트 버추얼휴먼 한유아, 엔터테인먼트계 진출 앞두고 SNS 소통 본격화". 시사오늘. Retrieved August 29, 2021, from http://www.sisaon.co.kr/news/articleView.html?idxno=131005

김수현·유지연(2021). 〈엔터테인먼트 영역에서의 메타버스 인식과 수용방식 연구: 에스파(aespa) 팬덤 사례를 중심으로〉. 《한국엔터테인먼트산업학회논문지》 15(7), 1-15.

김승한(2021, June 4). "'해외에서 더 난리가 났다' … '찐팬'까지 생긴 김래아 정체는?". 매일경제. Retrieved August 29, 2021, from https://www.mk.co.kr/news/it/view/2021/06/542626/

김우빈·추호정(2017). 〈SNS 패션 인플루언서의 진정성이 소비자 행동의도에 미치는 영향: 인플루언서 팬십(fanship)의 매개효과를 중심으로〉. 《한국유통학회》 10, 233-240.

김은희(2022). 〈인스타그램 버추얼 인플루언서의 특성이 광고효과에 미치는 영향〉. 《아시아태평양융합연구교류논문지》 8(9), 35-50.

김태희·이승환(2002). 《메타버스와 함께 가는 문화예술교육》. 다빈치books.

김평화(2022, March 10). "이프랜드서 볼류매트릭 적용 뮤지컬 콘텐츠 즐긴다". IT조선. Retrieved from https://it.chosun.com/site/data/html_dir/2022/03/10/2022031001421.html

네이버 시사상식사전. https://terms.naver.com/list.naver?cid=43667&category-Id=43667

류은아(2021). 〈뷰티 인플루언서의 진정성이 구매의도에 미치는 영향: 동일시의 매개효과를 중심으로〉. 《한국광고홍보학보》 23(2), 77-112.

문혜진·박상용·박소영·이정현·황서이(2023). 《새로운 AI, 새로운 사람들》. 서울: 마이북하우스.

미디어 이슈 트렌드(2020). 〈인간 인플루언서를 위협하는 가상 인플루언서의 사례와 경쟁력〉. 한국방송통신전파진흥원 보고서. Retrieved from https://www.kca.kr/boardView.do?pageId=www145&boardId=TRENDS&seq=5048468

박세은(2022, February 22). "잃어버린 얼굴 1895' IFLAND 메타버스 뮤지컬 공연 제작". 뉴스테이지. Retrieved from http://www.newstage.co.kr/news/articleView.html?idxno=37021

박소영(2021, December 16). "박지은 펄스나인 대표 '작지만 탄탄한 가상인물 IP의 허브 되고파'". 조선일보. Retrieved from https://it.chosun.com/site/data/html_dir/2021/12/15/2021121501672.html

박진우(2022). 〈가상 인플루언서의 속성과 모방의도, 이용의도의 관계에 관한 연구〉. 《문화기술의융합》 8(3), 245-251.

안정용·성용준(2022). 〈인간 vs. 가상인간 인플루언서의 광고 설득효과 비교: 지각된 역량, 경험의 매개효과를 중심으로〉. 《광고학연구》 33(8), 31-52.

엠비씨케이팝(MBCkpop, 2023). MAVE PANDORA. Retrieved from https://www.youtube.com/watch?v=nzVtkdTpy_g

염동섭(2023). 〈가상 인간 인플루언서 특성에 관한 척도개발 연구〉. 《광고 PR 실학연구》 16(2), 165-190.

예술경영지원센터(2022). 〈메타버스 활용 공연기획 사례〉. 한국예술경영지원센터 웹진. Retrieved from https://www.gokams.or.kr/webzine/wNew/column/column_view.asp?idx=2543

유은아·최지은(2020). 〈소셜미디어 인플루언서의 특성과 소비자의 설득지식이 구전의도에 미치는 영향: 유튜브의 뷰티 인플루언서를 중심으로〉. 《한국광고홍보학보》 22(4), 36-61.

윤혁민(2021, July 29). "첫 번째 사업 실패 후 재도전, 가상인간 '루이' 엔젤투자자들 덕분에 존재". 서울경제. Retrieved August 29, 2021, from https://www.sedaily.com/NewsView/22P3OLGFYN

이노션인사이트전략팀(2020). 《친절한 트렌드 뒷담화 2021》. 파주: 싱긋.

이동아·홍성철·박유란(2021). 〈가상 인플루언서 특성이 브랜드 태도와 구매의도에 미치는 영향〉. 《정보사회와 미디어》 22(1), 55-79.

이명천·황서이(2021). 〈언어 네트워크 분석을 활용한 'Virtual Human'의 의미변화 연구: 코로나 19 상황을 중심으로〉. 《디지털콘텐츠학회논문지》 22(2), 2039-2047.

이모란·신성빈(2022). 〈가상 인플루언서 특성이 소비자 태도에 미치는 영향: 사회적 실재감의 매개효과를 중심으로〉. 《한국방송학보》 36(3), 1-37.

이연경·김현지·박건우(2022). 〈메타버스를 이용한 버추얼 가수의 유형 제시 및 현황 연구〉. 《한국엔터테인먼트산업학회논문지》 16(6), 107-121.

이용수·이철희(2023). 〈버추얼휴먼 가수의 기술적 발전 연구〉. 《Journal of Digital Contents Society》 24(6), 1261-1271.

이재원·류지인(2021, August 11). "메타버스가 성공하려면 오픈월드, 샌드박스, 아바타를 알아야 한다". TTIMES.

이지현·김한구(2021). 〈가상 인플루언서 특성에 대한 소비자의 지각이 모방욕구와 WOM에 미치는 영향: 불편함과 신뢰감의 매개효과를 중심으로〉. 《인터넷전자상거래연구》 21(4), 49-75.

이진균(2022). 〈가상 인플루언서의 특성과 공신력이 소비자 반응에 미치는 영향: 지각된 인간다움의 조절효과를 중심으로〉. 《한국광고홍보학보》 24(4), 347-385.

장혜수·여은아(2020). 〈3D 가상 인플루언서에 대한 20-30 대 남녀 소비자 인식〉. 《복식문화연구》 28(4), 446-462.

정윤아(2021, July 19). "'가상인간 로지의 비밀을 공개합니다' … 싸이더스 스튜디오 엑스 김진수 이사 인터뷰". AI타임스. Retrieved August 29, 2021, from http://www.aitimes.com/news/articleView.html?idxno=139649

조단양·한광섭(2022). 〈가상 인플루언서의 특성이 구매 의도에 미치는 영향: 불쾌한 골짜기 이론을 중심으로〉. 《한국광고홍보학보》 24(3), 135-169.

한혜원(2021). "한류Now 가상과 현실을 가로지르는 디지털 휴먼". Retrieved from http://kofice.or.kr/b20industry/b20_industry_03_view.asp?se-q=8066&page=1&find=%EB%94%94%EC%A7%80%ED%84%B8&-search=&genre=

황서이(2021). "한류 나우, 메타버스와 한류 문화콘텐츠의 융합". Retrieved from https://kofice.or.kr/b20industry/b20_industry_03_view.asp?seq=8062

황서이·기찬(2023). 〈버추얼 아이돌 특성이 버추얼 아이돌 공연 수용자 태도에 미치는 영향〉. 《디지털콘텐츠학회논문지》 24(10), 2277-2286.

황서이·이명천(2021). 〈텍스트 마이닝을 활용한 광고 모델로서의 '가상 인플루언서' 인식변화 분석: 언론미디어와 소셜미디어를 중심으로〉. 《한국광고홍보학보》 23(4), 265-299.

황재윤·황서이(2022). 〈엔터테인먼트 분야에서 'Metaverse'와 'Virtual Human'의 사회적 담론 변화 연구〉. 《디지털콘텐츠학회논문지》 23(12), 2435-2444.

황태욱·김규정(2023). 〈문화콘텐츠의 메타버스 활용 사례 연구: 버츄얼 아이돌〉. 《한국콘텐츠학회논문지》 23(2), 12-25.

Badler, N. (1997). Virtual humans for animation, ergonomics, and simulation. In Proceedings IEEE Nonrigid and Articulated Motion Workshop (pp. 28-36). San Juan, PR, USA.

Fowler, A. (2021, July 6). Roblox partners with Sony Music Entertainment to bring their artists into the metaverse - Sony Music. Sony Music Entertainment. Retrieved from https://www.sonymusic.com/sonymusic/roblox-partnership/

Garson, C. (2022). The Severance Theory: Welcome to Respite (2021) by CoAct Productions and Ferryman Collective. Miranda [Online], 25.

Hazan, E., Kelly, G., Khan, H., Spillecke, D., & Yee, L. (2022). Marketing in the metaverse: An opportunity for innovation and experimentation. The McKinsey Quarterly.

Hollensen, S., Kotler, P., & Opresnik, M. O. (2022). Metaverse – the new marketing universe. Journal of Business Strategy. Advance online publication.

____, S., Kotler, P., & Opresnik, M.O. (2022). Metaverse – the new marketing universe. Journal of Business Strategy, ahead-of-print.

Hwang, S. I., & Koo, G. W. (2023). Art marketing in the metaverse world: Evidence from South Korea. Cogent Social Sciences, 9(1), 2175429.

Jeon, Y. A. (2022, March). Reading social media marketing messages as simulated self within a metaverse: An analysis of gaze and social media engagement behaviors within a metaverse platform. In 2022 IEEE Conference on Virtual Reality and 3D User Interfaces Abstracts and Workshops (VRW) (pp. 301–303). IEEE.

Kim, K. J. (2020, August 26). With live music dead, AR has a chance to catch on. Korea JoongAng Daily. Retrieved from https://koreajoongangdaily.joins.com/2020/08/26/business/tech/AR-VR-KPOP/20200826171400465.html

Melnick, K. (2021, April 26). "Finding Pandora X" is live VR theater at its absolute finest. VRScout. Retrieved from https://vrscout.com/news/finding-pandora-x-live-vr-theater/#

OpenAI (2024). ChatGPT (July 07 version) [Large language model]. https://chat.openai.com

Scott, T. (2020, April 26). Travis Scott and Fortnite present: Astronomical [Full Event Video]. Retrieved from https://www.youtube.com/watch?v=wYeFAlVC-8qU&feature=youtu.be

Smart, J., Cascio, J., & Paffendorf, J. (2007). Metaverse roadmap overview. Acceleration Studies Foundation, 4.

Sparkes, M. (2021). What is a metaverse. New Scientist, 251(3348), 18.

VirtualHumans.org. (n.d.). VIRTUAL INFLUENCERS. Retrieved August 29, 2021, from https://virtualhumans.org/

Williams, H. (2021, March 12). 'A Midsummer Night's Dream,' sprinkled with high-tech fairy dust. The New York Times. Retrieved from https://www.nytimes.com/2021/03/12/theater/dream-royal-shakespeare-company-motion-capture.html?partner=naver

찾아보기

이미지 출처

1부 가상현실과 증강현실

2부 문화콘텐츠 속 메타버스와 버추얼휴먼

저자소개

박상용

중앙대학교 인문콘텐츠연구소 연구교수로 재직 중이며, 중앙대학교에서 전자전기공학 학사, 컴퓨터공학 석사, 영상학(게임 공학) 박사 학위를 취득했다. 다양한 공학 분야와 인문학 융합에 대한 관심이 있으며, 주요 관심 분야는 인공지능과 UX이다. 파이썬, 자바, 자바 스크립트 교육 등의 경험이 있으며《새로운 AI, 새로운 사람들》,《인공지능 기술비평학》의 공동 저자로 참여했다.

황서이

중앙대학교 인문콘텐츠연구소 연구교수로 재직 중이며, 중앙대학교에서 예술학 박사 학위를 취득했다. 문화콘텐츠와 기술의 융합이 수용자의 인식에 미치는 영향을 깊이 연구하고 있으며, 주요 관심 분야는 인공지능과 엔터테인먼트 콘텐츠이다. 또한, '문화콘텐츠의 이해 및 기획', '공연콘텐츠와 테크놀로지', '미디어와 문화콘텐츠' 등 다양한 과목에서 교육 경험을 쌓아왔으며,《새로운 AI, 새로운 사람들》과《인공지능 사회문화학》의 공동 저자로 참여했다.